如何避免和应对
舆情危机

许景云◎著

中国出版集团
中国民主法制出版社

全国百佳图书
出版单位

图书在版编目（CIP）数据

如何避免和应对舆情危机 / 许景云著 . — 北京：
中国民主法制出版社，2024.6. — ISBN 978-7-5162
-3711-3

I. G 219.2

中国国家版本馆 CIP 数据核字第 2024PN7911 号

图书出品人：刘海涛
出 版 统 筹：石　松
责 任 编 辑：刘险涛
文 字 编 辑：高文鹏　吴若楠

书　　　名/如何避免和应对舆情危机
作　　　者/许景云　著

出版·发行/中国民主法制出版社
地址/北京市丰台区右安门外玉林里 7 号（100069）
电话/（010）63055259（总编室）　63058068　63057714（营销中心）
传真/（010）63055259
http://www.npcpub.com
E-mail: mzfz@npcpub.com
经销/新华书店
开本/16 开　710 毫米 ×1000 毫米
印张/14.5　字数/200 千字
版本/2024 年 6 月第 1 版　2024 年 6 月第 1 次印刷
印刷/三河市宏图印务有限公司

书号/ISBN 978-7-5162-3711-3
定价/68.00 元
出版声明/版权所有，侵权必究。

　　随着互联网技术的飞速发展，每天在国内外发生的各类事件，只要能引起足够的热议、争议，都会以最快的速度，甚至以毫秒为单位迅速传播。智能手机的普及和音视频技术的成熟，使得信息传播越来越呈现出突发性和难以把控的特征。由此引发的舆情事件频频发生，已经到了几乎每月甚至每天都有影响广泛的舆情发生的地步。这对党和政府与广大人民群众关系的和谐性产生了直接的影响。企业舆情更是层出不穷。随着自媒体日渐火爆，自媒体从业者也频繁出现由于表达不当或者处置不当，而使自身处于风口浪尖的现象。这些舆情很多本来能够避免，但是由于缺少经验、处置失据失当，不仅没有由大变小，反而愈演愈烈，甚至出现原本应该是小事，却成为全国乃至海内外广泛谈论的话题的现象。

　　在这种情况下，如何面对突发公共舆情事件，如何应对公众质疑，成为摆在政府机构和企事业单位、社会团体和社会组织面前非常突出的问题。而且，这也已经成为摆在各国政府和各种团体、组织面前的一个不可回避的重要问题。舆情应对得当，不仅能防止和避免事态的进一步恶化，而且有可能将坏事变成好事。舆情事件应对既有技巧，也有普遍规律。

本书拟对如何避免舆情发生、一旦出现舆情如何处置和化解，提出一定范围内的解决方案和应对策略，给各级政府机构和企事业单位、社会团体和社会组织提供一些具有借鉴意义的理论分析和针对性建议，提供具有可操作性的、可借鉴的舆情事件的预防、处置、化解和危机公关的策略和手段等。

本书注重理论与实际操作的结合，旨在通过一个个正反两方面的典型案例的剖析，从理论和实践两方面分析舆情之所以发生和扩大化的诱发因素，为各级政府机构、企事业单位和专家学者能迅速化解舆情危机提供实践和理论参考，从而达到减少社会冲突、对立情绪，化解社会危机，缓解社会矛盾，和谐党群干群关系的目的。

目　录

一、人人都能当"记者"的时代

作为一个现代化平台，与传统媒体平台相比，网络平台具有发言门槛低、传播迅速、受众面广等巨大优势。只要有一部智能手机、一部平板电脑，用户就能随时把看到的、正在发生的事件迅速传到互联网上。所以，在一定意义上说，网络时代人人都能像记者一样发布刚刚发生的、正在经历的、看到的事件……

在20世纪八九十年代乃至21世纪初，记者还是极少数人从事的职业。记者是绝大多数人心中所向往的"无冕之王"，也是绝大多数人难以实现的梦想。然而在21世纪初，特别是20年代，"无冕之王"已经逐渐走下"神坛"，让很多人"成为记者"的梦想变成了现实——虽然没有权威机构颁发的新闻记者证，但很多人已经开始把自己的所见所闻发布在互联网上，而且其中的很多内容引起了网民的关注甚至热传。他们虽然没有在新闻媒体供职，却能在社交媒体上，用文字、图片、视频、语音等多种形式，随时随地发布自己耳闻目睹的新鲜事、突发事件和各种街边新闻，并就此发表自己的意见、看法、观点。而他们所使用的工具就是智能手机、平板电脑等。这些智能手机和平板电脑用户，在遇到突发事件、街边趣事或花边新闻时，不仅能在第一时间将现场照片或视频发布到社交媒体上，甚至还能当场进行直播。其速度之快，有时让主流新闻媒体都望尘莫及。特别是对于突发事件，其发布速度甚至超过很多传统媒体。

早期的网络舆论发源地，国外是 Facebook、Twitter、Instagram、Reddit、Pinterest、Ask.fm、Tumblr、Messenger 等社交平台，中国国内是互联网页面的网络论坛 /BBS、邮件、微博、博客、QQ 等社交平台。随着互联网技术的不断进步，社会进入了"微传播"时代，公众通过网络发声、视频内容等逐渐进入网络社交领域，但初期发布的主要还是有版权的正规出版物。后来，网络的娱乐功能日益凸显，如搜狐、新浪、优酷、西瓜视频等陆续推出短视频功能。随后，YouTube、微信、小红书、快手、抖音等以发布自创视频为主的社交平台逐渐兴起，并逐渐演变为今天"主流"的网络社交平台，成为网络舆论最主要的发声地。仅就手机客户端来说，日均启动数十亿次，实现了知情权和表达权的均等化。其中，网民使用最频繁的是 Twitter、微信等能够实现点对点交流的社交平台。如今，任何一个个体网民都可以在微博、微信、抖音、快手、Twitter 等社交平台上发布文字、图片、视频，指点江山，激扬文字。网络信息载体如微博、微信、各种视频 App，动辄就会碰撞出各种思想的火花，或者结下个人的恩怨。

在中国，如今以微博、微信为代表的网络舆论场，一方面保障了人民群众的知情权、表达权和监督权；另一方面，这种舆论场中网民的交流、探讨甚至激辩大大地提高了公众的理性思考能力，使其凝聚成理性的社会认知，开阔了公众的视野，推动了社会进步。但它某种程度上也存在诸多不足：道不同不相为谋，不同理念、观念、价值观的交锋，使人与人之间的社会认知差异明显地突出；戾气递增，甚至使原来的好友、同学不欢而散。2015 年4 月 14 日，《中国青年报》发表仲青平的一篇评论《理直气壮推进网络文明——传递正能量 共建清朗网络系列谈之一》。文章称，"有人这样描述过网络舆情：很多人在互联网上听了一半，只理解了四分之一，进行了零思考，最后却作出了数倍的反应"。而其中草根网民和愤青们占据了相当大的舞台。之所以会出现这种状况，与互联网很容易煽情、带节奏有着直接关系。草根网民和愤青们中的很多人打着社会公平正义、民粹主义等一些很有号召力的旗号，不是通过互联网进行理性探讨和思想交流，而仅仅是通过这种方式来吸引"粉丝"。特别是在抵制日货、韩货等国外产品议题上，在短时间内迅速激起民族主义情绪的案例不胜枚举。

科技的进步使信息传播、新闻传播以前所未有的方式，迅速、及时、广泛地渗透到人民生活的方方面面，并使之成为人们生活中不可或缺的一部分。由此，"意见领袖"和"公民记者"也应运而生。而后者，常常是由一批专门捕捉社会热点、突发事件，关注国计民生的群体构成。其中，"意见领袖"的作用尤其突出。特别是近年来，在一些具有广泛社会影响力的事件中，都有这个群体传播的影子。科技的进步使越来越多的受众不再单一地从传统的主流媒体获取最新的新闻和信息，而是将各种社交平台作为获取信息的主要来源。与此同时，"网络评论员"也应运而生。他们随时就一些社会热点事件发表评论，并因此聚集了一群"粉丝"，甚至在一定程度上左右了舆论走向。

作为一个现代化平台，与传统媒体平台相比，网络平台具有发言门槛低、传播速度快、受众面广等巨大优势。所以，在网络时代，人人皆是"记者"已经成为不争的事实。不少轰动国内外的公众事件，就是首先从这些平台发出的。它们不仅信息传播速度快，还能迅速聚集起响应的力量。这样的案例俯拾皆是。

（一）公众通过网络发声所引发的舆情事件层出不穷

互联网的发达、数字技术在手机和平板电脑等智能设备上的应用，使得信息爆炸变成日常生活的一部分。各地的新鲜事瞬间就能从一个社交群传到另外一个社交群，因而，从前常常还能掩盖的一些事件，如今却能瞬间传遍全国乃至世界各地。近年来，无论是中国还是其他国家，每天都在发生着各种舆情事件，每个月都会有多起舆情危机。下面仅举几例。

1. 陕西"表叔"杨达才的"微笑"事件、重庆雷政富不雅视频事件

公众像记者一样发表评论、曝光负面事件还是从网络反腐开始的，其中影响巨大的标志性事件，如重庆的雷政富不雅视频和陕西的"表叔"杨达才的"微笑"。

在8·26包茂高速安塞段特大交通事故现场，时任陕西省
安监局局长杨达才微笑的照片（图片来源：人民网）

随着互联网的日益普及，通过互联网曝光负面事件成为越来越多的公众所采取的主要手段之一，而由此引发的舆情和公关危机事件也越来越多。

2012年8月26日，陕西省包茂高速安塞段发生特大交通事故，造成36人

遇难，3人受伤。一张新闻图片拍摄到时任陕西省安监局局长的杨达才面带微笑出现在事故现场，从而引发了网友的愤怒声讨。随后，这位"微笑局长"在不同场合佩戴多块名牌手表的图片在互联网上被广泛转载。最终，杨达才锒铛入狱。

2012年11月20日，疑似重庆市北碚区委书记雷政富不雅视频截图在微博发布。曝光63小时后，不雅视频"男主角"雷政富被免职。随后，10名涉事官员落马。其中，雷政富不雅视频的另一个当事人——"女主角"赵红霞被网民谑称为"反腐英雄"，网民甚至用《打靶归来》的曲调填上与赵红霞有关的歌词。当然，女主角不是反腐英雄，但这样的填词既反映了公众的情绪，也显示了互联网巨大的影响力。

陕西"表叔"杨达才的微笑、重庆雷政富不雅视频事件，是网络反腐的标志性事件。从此之后，在互联网上曝光负面事件并不断发酵，进而产生局部、区域甚至全国性影响，成了网民反腐的主要方式之一。随着互联网的日益广泛使用和智能手机等电子设备的日益普及，网络舆情逐渐成为常态。很多轰动全国的舆情事件，如政府官员、人大代表、政协委员等"雷人"的话语、提案，也都是通过互联网发酵的，且传播速度和实际效果甚至达到了与传统媒体分庭抗礼的程度。

2. 连云港辅警敲诈勒索事件

这个事件是一位律师所披露的已经判决的案件，但迅速引起争议。其实案情非常简单。此消息来源于连云港市灌南县人民法院的一份判决书。判决书显示：原女辅警许某在2014年3月至2019年4月，与包括多名警方人员在内的公职人员发生不正当两性关系，后以自己家人得知后要找"被害人"闹事以及自己购房、怀孕、分手补偿等为由，抓住公职人员害怕曝光后影响工作、家庭和名誉的心理，先后向多名"受害人"索要共计372.6万元款项。这些"受害人"包括灌云县公安局副局长、派出所所长、卫生院副院长、小学校长等多名公职人员。

法院审理后认为，许某以非法占有为目的，使用威胁或者要挟的方法，多次勒索他人财物，数额特别巨大，其行为已构成敲诈勒索罪。判处有期徒刑 13 年，并处罚金人民币 500 万元，追缴被告人许某违法所得人民币 372.6 万元。

消息披露后，迅速引发网络舆情。其一，被重判的是女辅警——有期徒刑 13 年；其二，被女辅警敲诈勒索的 9 名对象绝大多数是她的直接或者间接领导，其中几名是派出所所长，而其中之一当所长期间就和女辅警保持着情人关系，后来给了女辅警一笔钱，但在当了副局长后又和女辅警再续前缘。

3. 广东佛山广台高速天价交通罚款事件

2021 年 4 月份，一条无人机航拍的视频火遍网络。这个视频拍摄的是广东佛山广台高速 43 公里 200 米处 "Y" 字形岔道口处，在短短三分钟时间内就有 27 辆机动车违章。一辆车因为违章被罚款 200 元，三分钟里 27 辆机动车违章，合计被罚款 5400 元。这样的罚款被网民称为 "印钞机"。而一名车主在缴纳违章罚款时，看到这段路在短短一年时间内竟然有 62 万张违章罚单。

图片来源：广州普法

此前被媒体曝光的中国 "最牛高速违章摄像头" 也在广东，位于沈海高速自茂名前往广州方向的电白服务区入口，一年罚款超 2500 万元。但与佛山这个路段相比，则是小巫见大巫了。

4.4 · 19 特斯拉车主维权事件

2021 年 4 月 19 日，2021 上海国际车展媒体日首日，一位身穿"刹车失灵"字样 T 恤的女士站在一辆特斯拉展车车顶，高声呼喊："刹车失灵！刹车失灵！"该女士很快被保安带走。但网民拍下了她抗议的视频，也拍下了保安粗暴地把这位女士拉下来的视频。视频迅速在各大媒体以及各类 App 上传播。

……

舆情传播速度之快，早已今非昔比。

近年来舆情频发，既有公共事件，如河南郑州洪灾地铁被淹事件，也有公共性相对较弱的。这些事件均发端于网络，却迅速轰动全国。比如：

河南焦作姚艳艳老师职称评定事件；

中国人寿保险股份有限公司嫩江支公司员工张乃丹举报中国人寿嫩江支公司总经理孙小刚造假贪污问题；

甘肃白银马拉松百公里越野赛 21 人遇难事件；

网红律师被跨省抓捕监视居住事件；

杭州市委书记被抓事件；

阿里巴巴高管在济南出差期间涉嫌性侵事件；

河北省平山县委政法委书记回复群众举报短信"滚"字事件；

恒大集团旗下的"恒大财富"疑似"暴雷"事件；

等等。

（二）舆情事件的特征：舆情越来越呈现出即时性、随机性、不可控性和无规律化特征

近年来，舆情越来越呈现出"无规律化"的特征：以往，专业媒体的报道会引起舆情；而现在，一篇来自网民的自媒体信息就可能点燃一个爆炸式的舆情，一夜之间就会迅速传播、迅速发酵、迅速升级，甚至传遍全国。舆情发生的时间变得越来越短，舆情发酵变得越来越不可控。2023年河北某地洪灾，群众撤离时，高速公路收费站坚持收费；救灾队伍需要当地邀请才能参与当地救灾；当地某镇不让捐赠物资方参与执行等都迅速传播并受到广泛的质疑和批评。

官方的处置显得越来越滞后，甚至官方的回应系统还没来得及启动，舆情就已经如大坝决堤一样迅速蔓延。舆情处置的黄金时间被快速压缩——从24小时缩短到黄金12小时、黄金8小时、黄金4小时……

官方的处置手段不仅没有平息舆情，反而成为舆情的发生源。比如，各地洪灾的图片、视频等以毫秒级的速度迅速传播到公众平台。特别是视频平台，成为主流的传播渠道。而当地将管控处置救援队伍发布的灾情视频当作成绩公布，也迅速引发公众批评。

而且舆情防控变得越来越不可控。简言之，就是防不胜防。比如，同样在2023年，超强台风"杜苏芮"登陆，沿线铁路采取停运、变更运行区间等措施，但有一个铁路局却一连三天都没有相关数据，只有铁路各个部门储备防洪物资、检修相关线路等防范台风的措施。如果媒体这样播报，就会导致这样的现象出现：其他铁路局都有具体的列车停运、变更运行区间的数据，唯独这个铁路局没有。这无形中就给公众留下这样的印象：其他相关铁路局对列车安全运行的措施都清清楚楚，唯独这个铁路局糊里糊涂。这无形中就构成了舆情的

诱发因素。

俗话说，"水可载舟，亦可覆舟"。互联网在为社会和公众提供信息获取与传播便利的同时，也对社会管理者应对舆情的能力提出了更高要求。简单的疏与堵都不是好办法，需要管理者更高的舆情管控、处置水平和智慧。

自媒体与新媒体虽然都是借助数字技术，通过计算机网络、无线通信网、卫星等渠道，以及电脑、手机、数字电视机等终端，向用户提供信息和服务的传播形态，但二者有所不同：

新媒体与传统媒体相对应，是相对于报纸、广播、电视、杂志四大传统媒体而言的一种新型媒体，因而新媒体也被形象地称为"第五媒体"。

自媒体是新媒体的一种形式，更偏向于输出"个人品牌价值"，是一种围绕着个人所打造的新媒体。自媒体着力于通过各种平台进行传播，旨在打造个人品牌形象、快速拉近与粉丝的距离，由个体自己运营。其盈利模式不像新媒体一样（如通过会员、广告位、信息费等方式盈利），而是通过打造有个人魅力和粉丝黏性的形象，并通过软文、广告产生利润。

除了普通老百姓可以通过网络发布日常所见所闻外，意见领袖、公民记者们还逐渐形成了一股重要的传播力量。他们拿着手机等"直播设备"，随时追逐社会上的热点事件和热点人物，并通过直播或报道能吸引眼球的社会事件、发表对热点事件的评论等多种方式来吸引粉丝，增加流量和点击率。由此，还派生了广告和带货直播等盈利模式。

笔者一位朋友的女儿把自己在世界各国各地旅游的所见所闻拍成视频，发布到某视频平台上。随着粉丝不断增多，广告商也找过来了。2021年春节前，朋友给女儿发压岁钱，结果女儿没收。女儿说，她当月已经挣了25万元。"大衣哥"、"拉面哥"、徽州宴女老板家经营的饭店附近，以及奥运冠军全红婵老家聚集的人山人海的直播人群，绝大部分都是这种追逐热点，吸引粉丝涨粉的新媒体人。

2020年，因为15年来坚持卖3块钱一碗的拉面，来自山东临沂市费县的农民程运付火了，进而"拉面哥"迅速吸引了全国各地的视频博主。博主们之所以蜂拥而至，原因之一就是希望通过这位"拉面哥"来"吸粉"。此前"大衣哥"朱之文家总是有来自全国各地的参观者，其中很多就是这类博主。"大衣哥"村里也有人做起了为这些博主服务的生意。

公众拍摄与上传娱乐、休闲视频的初始动因主要是为了自娱。但在丰厚的利益驱动之下，自媒体逐步演变成了通过增加"粉丝"来扩大影响力，继而"吸金"的一种工具。这又进一步推动了一些视频拍摄者追逐新闻事件特别是追逐那些能广泛吸引眼球的事件的热情。于是，在这个人人能够当"记者"的时代，越来越多的人加入了"业余记者"的行列。这也让新闻竞争从媒体之间的竞争，演变成了媒体之间与社会公众之间的多层面激烈竞争。

在这种公众可以随时通过互联网发声的局面之下，什么时候出现舆情？什么时候发生公关危机事件？什么时候可能有人将相关事件的文字、照片、视频发到互联网上？一切都无法预知。而且随着视频网站的崛起，公众所发布的视频信息的现场感、冲击力远远强于单纯的照片和文字等信息。由于发布信息的随机性，相关机构很难提前预判什么时候会有负面信息，也无法提前防范由于负面信息发布可能带来的影响，从而在很大程度上增加了舆情防控的不可预见性。自然，也增加了舆情和公关危机预防和处置的难度。

（三）是什么导致舆情呈现多发态势

分析发现，越接近现在时，舆情事件发生得越多。是不是以前舆情就少呢？显然不是。社会在不断进步，受教育的人越来越多，人们的言谈举止也变得越来越文明，舆情发生的可能性理应下降。但现实情况却是，舆情事件不降反升，而且越来越多、越来越频繁、传播越来越迅速。究其原因，首先是技术的不断创新迭代。

1. 互联网全球性普及

随着互联网技术的普及，公众获取信息的渠道由传统媒体为主，逐渐过渡到以自媒体为主。传统媒体除了广播、电视能随时播报突发新闻外，其他媒介都有一个较长的出版、发表周期。报纸至少要几个小时，期刊要十几天甚至几十天，即使是周刊，也要几天时间才能与受众见面。这也导致这些媒体往往不是以刊发即时的、突发的新闻为主，而是更多地倾向于对新闻事件的深度挖掘。

网民对自己发现的突发新闻、街边新闻、花边新闻，哪怕是遇到一个名人或明星从自己身边走过，都能迅速将其拍摄或录制下来，并通过手机、平板电脑、电脑等发布到网上。其中，微博、微信、小红书、西瓜视频、抖音、快手、Twitter、Facebook、Instagram、Reddit、Pinterest、Ask.fm、Tumblr、Messenger 等社交平台均能以毫秒级的速度进行信息传播，加上网民的迅速转发，负面事件往往能迅速传遍全国乃至全球，并在很多机构还没反应过来，甚至完全不知情的情况下，形成铺天盖地的舆情。

2. 互联网加快了社会信息传输的速度和广度

（1）互联网的出现，实现了毫秒级的信息传输

据《互联网周刊》报道，世界上第一封电子邮件是 1969 年 10 月由计算机科学家 Leonard K. 教授发给他的同事的一条简短消息。

中国第一封国际电子邮件是 1986 年 8 月 25 日北京时间 11 点 11 分（瑞士日内瓦时间 4 点 11 分），由当时任中国科学院高能物理所 ALEPH 组组长的吴为民，从北京 710 所的 IBM PC 机上发给 ALEPH 的领导——位于瑞士日内瓦西欧核子中心的诺贝尔奖获得者斯坦伯格（Jack Steinberger）的电子邮件（E-mail）。

1999 年 3 月，中国互联网新闻中心（中国网）作为网络媒体代表开启了破

冰之旅——第一次参与全国"两会"报道。

2015 年，各大媒体纷纷通过一次采访、多次编辑、多端分发，以全媒体矩阵传播的形式，对"两会"进行了全方位的、全景式报道。这标志着新媒体已经成为新闻传播的主力形式与平台。来自中央网信办的统计数字显示，2015 年全国"两会"期间，各大网站共发布文字、图片、图解、视频、动漫等关于"两会"的报道 185 万条；各大网站相关信息的累计浏览量达到 100 亿人次。2015 年也因之成为媒体融合的开局之年，成为全国"两会"报道的重要分水岭。

（2）互联网的技术进步和技术创新使得人类社会变成了地球村

①互联网传输容量呈几何级数扩大，为传输内容的丰富提供了技术保障

互联网的技术进步和技术创新使数据传输的速度快速提高，使单位数据传输量呈几何级数增长。特别是数据存储和压缩技术的出现和不断更新，使文件和信息的传播方式发生了革命性的变革。以往只能发几十个、数百个字节的互联网，开始能够发出几兆、几十兆、几百兆甚至几个 G、数十 G、数百 G 的信息，存储容量也上升到以 T 为单位。

②互联网传输内容发生巨变，使网络更加适合公众的社交需要

大容量存储和传输技术为大容量的照片和视频存储和传输提供了技术基础，使公众在社交媒体上发布照片、视频成为现实。它不仅丰富了社交内容，也使社交内容更具可视性和欣赏性。社交表达方式由此发生了革命性变化。

Facebook、Instagram 甫一面世，尤其是 Instagram，允许用户在任何环境下抓拍自己的生活场景、选择图片的滤镜样式，并一键分享至平台上。这一创新，改变了互联网社交方式。随后增加的视频社交功能，则使互联网社交平台变得日益亲民，从而开创了网民可以随时随地通过图片和视频发布自己生活动态的互联网社交模式。所以，一经推出就迅速吸引了广大网民。这也是后来 Facebook 以 10 亿美元收购 Instagram 这家小公司的原因之一。

互联网信息传输从文字传输到图片传输，很快就扩展到视频传输，不仅文件单位传输的容量不断扩大，人们的社交方式和社交距离也迅速跨越时空，拉近了距离。曾经历时数月数年才能实现的跨越大洋的人类交流，如今坐在电脑前或使用手机就能瞬间实现，使人类社会真正变成了地球村。如今，一些科技公司又开始研发元宇宙概念的社交空间。元宇宙是通过数字化形态承载的与人类社会并行的平行宇宙，借由增强现实（AR）、虚拟现实（VR）和互联网（Internet）给用户带来身临其境的沉浸感。这种虚拟世界的技术创新，将通过身临其境的社交空间，进一步改变人们的社交方式。其影响力很可能会超越目前的以在互联网上发表视频、图片信息为主的传播方式。

3. 新媒体崛起对传统媒体的冲击

随着网络技术的不断进步，一些利用数字技术，通过计算机网络、无线通信网、卫星等渠道，借助电脑、手机、平板电脑以及数字电视机等终端，向用户提供信息和服务的新媒体应运而生。与报纸、杂志、广播、电视等传统媒体不同，新媒体是以数字压缩和无线网络技术为支撑，利用互联网平台大容量、实时性和交互性的特性，跨越地理界线，并最终实现全球化的信息传播。由此，实现了人们随时随地借助互联网将耳闻目睹的、正在发生的突发事件、趣事等迅速传播出去的需要，也增加了信息发布的及时性、随机性和不可控性。这也是近年来舆情随时随地发生，并迅速发酵的技术原因。

面对新的技术革命，信息爆炸式传播，政府部门、企事业单位和社会组织尚缺乏应变经验和处置能力，这也是舆情不断发酵的内在原因。特别是政府部门在面对公众舆论质疑时，仍然像以前一样高高在上，保持着强势的姿态，缺少耐心和服务意识，也是导致舆情不断发生甚至激增的客观因素。

4. 公民意识的觉醒

互联网使人类社会快速跨越到地球村时代。人们获取资讯的来源从以往的工作小单元，如办公室、小组、单位等，扩大到街区间、城市间、国家间、政治集团间。哪怕一个小角落发生的事件，都可能迅速传遍全球。各种新的社会观念、意识形态都能迅速、广泛地在全球传播，也导致了社会群体和个人眼界的大幅度开阔。例如，对于社会福利、医疗保险等，公众已不再局限于本单位、本社区、所在城市内的比较，而是扩展到与其他城市、地区甚至其他国家的比较。各种思想的交锋、激烈辩论成为常态。一些曾经令人引以为豪的所谓"政绩"，在全球范围内的比对下，有的就不值一提了。

以2021年7·20郑州特大暴雨灾害为例。从官方披露看，2021年郑州水灾导致河南省398人因灾死亡失踪。而且由于政府部门明显行动滞后，导致舆情一再发酵。本来气象部门已经接连数次发布了暴雨红色预警，在正常情况下，政府部门应该采取停工停学等措施，除必要部门外，其他机构都应该不再外出上班了。但是，郑州"外甥打灯笼——照旧"。其中，隧道和地铁管理部门的反应更是明显滞后，最终酿成重大事故。如果政府及相关部门及时进行积极应对和处置，这场悲剧完全能够避免。

面对水灾，郑州各级政府部门的观念也明显落后。比如，民众到涉事地铁站口献鲜花以祭奠在洪水中逝去的亲属或乘客，这本来是再正常不过的人之常情，但网民却拍到了当地有人把地铁口围起来，以阻挠百姓祭奠死难者，让人无法理解。按照中国的传统文化，即使出了"头七"，公众就不能哀悼死难的老百姓了吗？此外，一位陕西小伙子用无人机航拍这个地铁口时，被疑似警察的人按倒扭打、损坏无人机。而且这个过程，也被网民拍了下来，并发布到网上。甚至国务院灾害调查组还调查出来郑州在不同阶段瞒报因灾死亡失踪人数。郑州这样的舆情处置，在信息高度发达的当今，让人难以理解。网友们迅速想起了2010年11月15日，上海静安区胶州路公寓大楼"11·15"特别重大火灾事故后，上海市委、市政府主要领导前往事发地点悼念的事。两相对比，同样是面对突发灾难，两地的处置水平高下立判——上海市领导的以人为本略胜一筹。

在郑州特大暴雨灾害事件中，网民的一系列爆料，反映出公民维护自身合法权益的意识正在高度觉醒。他们除了不断挖掘郑州地铁、郑州政府部门在面对洪灾时的应对问题，还扩展到世界其他国家和地区如何应对洪水、如何进行市政设施规划等，从而导致原来的一个局部事件，在互联网时代演变成了全国乃至全球性事件。

5. 官方舆情处置手段滞后

随着舆情越来越多、越来越频繁，当前，很多政府部门和企事业单位都成立了舆情监控和应对部门，专门负责监控和处置舆情事件。有的舆情监控和应对部门在短短几分钟内就能发现舆情。像江苏连云港辅警敲诈勒索被重判的案件由一位律师发布到网上，短短几分钟，当地警方就打来电话，要求删除文章。但更多的情况是，政府部门和企事业单位在舆情处置手段上明显滞后，几乎成为常态。

连云港辅警"性敲诈"多名公职人员的案件判决引起了广泛共鸣，当地删帖神速，但对公众就案件本身的质疑，官方反应却明显滞后。尤其是当事人双方的社会地位明显形成反差：一方是女辅警，另一方的 9 名涉案人则是与女辅警发生不正当两性关系的公安局副局长、派出所所长等她的上级领导以及其他有公职的领导。如此巨大的身份反差，女辅警如何能一再实施敲诈勒索，着实令人生疑。女辅警究竟是受害者还是施害人，在公众中引起了广泛争议。

在河南焦作第十七中学教师姚艳艳爆料其在高级教师职称评定过程中遭遇不公事件，当地教育机构的舆情危机处置不但很难说高明，而且涉嫌打击报复，因而受到包括媒体记者在内的广大公众的广泛批评。

姚艳艳穷尽了各种官方渠道，包括向当地教育局、纪委反映情况等，都没有得到明确、及时和实事求是的反馈，最后在不得已的情况下起诉政府部门，寻求法律的援助。虽然她在一审、二审和终审都败诉了，但司法判决语言和公众态度显然都不利于当地政府及其教育主管部门。而其中引起公众和媒体人广泛质疑的，是焦作第十七中学的上级主管单位——山阳区教育局认可了该中学给予姚艳艳违反师德师风的警告处分决定。但对于姚艳艳老师和公众挖掘出来的当地教育机构在职称评定中存在明显违反相关规定的现象，教育主管机构在应对过程中，存在着有意忽略的问题。

无论姚艳艳老师所反映的问题是否正确，也不管最终结果会如何，在这场舆情事件中，姚艳艳所在的学校和教育局都不是得分者，而当地司法机构所收获的也不是正面评价。其中，被挖出来的当地教育机构有组织、有策划地抹黑姚艳艳的问题，虽历经数月调查，但仍然没有结果。而有组织地抹黑一个教师，并对其实施网络暴力，本应引起当地教育主管部门和司法部门的认真调查和严肃处置，但遗憾的是现实并非如此。

"武威记者被捕案"同样是舆情事件，只不过官方的做法显得幼稚。从《财新周刊》、新华社等多家媒体的公开报道看，当初的"武威记者被捕案"就是在时任武威市委书记火荣贵的压力下，由宣传部门和警方自导自演，针对《兰州晨报》记者张永生等三家媒体记者制造的打击报复事件。2016 年 1 月 7 日和 8 日，驻武威市的《兰州晨报》记者张永生、《兰州晚报》记者雒某某（女）和《西部商报》记者张某某等三名记者先后失联。武威市凉州区人民检察院判定此三人涉嫌敲诈勒索罪，张永生被捕，另两人被取保候审。事件背后的操纵者被曝出是火荣贵，他之所以不爽几位记者，是因为他们"太不识相"，多次在报纸上发布武威的负面新闻。其后，火荣贵的"高参"称，"如果谁再做负面新闻，就是张永生的下场"。

这是典型的执政能力低下的做法。虽然在舆论的压力下，检察院已对《兰州晨报》涉嫌敲诈被捕记者张永生作出不起诉决定。但这种收拾给武威发负面新闻记者的做法，已经使得抓记者事件本身成了这座城市的负面新闻。封堵记者、陷害记者，无论从哪个角度看，都很不明智，其所反映的是当地政府领导及有关部门执政理念的极端落后和舆情处置水平的极端低下。

而辽宁警方将涉嫌犯罪的知名媒体人周某赟和北京知名律师聂某跨省抓捕监视居住事件，就不仅仅是涉嫌打击报复，而是公安机关涉嫌知法犯法（在后面的章节中会有详尽分析）。

实际上，虽然任何一个国家或政府都不愿意有舆论曝光自己的负面新闻和对其工作进行批评性报道；但从另一方面说，舆论监督又能够适度缓解社会压力、化解社会不满情绪，从而促进社会沟通与社会和谐。如果缺乏舆论监督，公共权力就会缺少一种非常重要的监督方式，就有可能导致严重的贪污腐败，进而损害群众的基本权利。所以，一旦出现舆情事件，公众往往会迅速参与传播，并引发舆情爆炸。而官方舆论回应和处置能力的退化，也只会让"塔西佗陷阱"进一步加深。

舆情就是如此：如果处置不及时或者处置失当，一夜之间，就可能像决堤的洪水一样蔓延成一片焦虑的汪洋。

与此形成对照的是，也有一些国家的媒体几乎每一天都会有负面新闻报道，但却很少出现引发大规模社会矛盾的事件。因为公众的情绪在媒体的负面报道中，得到了一定程度的缓释和消解。

案 例 来 源

① 新京报.佛山交警回应广台高速路口天量罚单：累计18万余宗，已连夜优化.（2021-04-14）https://www.sohu.com/a/460490783_114988.

② 人民网江苏频道.除了案件本身，连云港女辅警敲诈案"敲"出了当地怎样的警风？.（2021-03-16）https://baijiahao.baidu.com/s？id=1694347489908356525&wfr=spider&for=pc.

③ 人民网."表哥"杨达才案今日开庭 曾陷"微笑门"被称"全身是宝".（2013-08-30）https://news.qq.com/a/20130830/004412.htm.

④ 新闻1+1.雷政富不雅视频 摄于5年前 曝光63小时后被免职.https://news.qq.com/a/20121124/000076.htm.

⑤ 中国新闻网.上海市委书记等现场悼念11·15特大火灾遇难者.（2010-11-21）https://china.huanqiu.com/article/9CaKrnJploN.

⑥ 新华社.甘肃检方对《兰州晨报》涉嫌敲诈被捕记者张永生作出不起诉决定.（2016-05-19）https://society.huanqiu.com/article/9CaKrnJVzcq.

⑦ 新京报.甘肃通报《兰州晨报》记者案：敲诈勒索5000元涉嫌嫖娼证据不足.（2016-02-06）https://news.ifeng.com/a/20160206/47381966_0.shtml.

二、层出不穷的舆情和公关危机

　　随着互联网的兴起，进而是在新技术支持下的新媒体的崛起，推动公众获取信息和发声的途径从传统的广播、电视、报纸、杂志媒体，扩展到多种方式、多种平台和多种表现形式。这必然会大大增加舆情和其他公关危机发生的概率。任何一个个体都有可能把足以引起潜在舆情的负面讯息、视频、照片传播到互联网上，从而使舆情把控变得极为复杂。

　　特别是随着智能手机等智能电子设备的普及，信息以前所未有的速度和广度进行传播，与传统媒体形成了激烈的竞争。以前还能被遮掩的负面事件，如今在新媒体的冲击下，可能在相关部门还没来得及采取行动时，就已经迅速上传至互联网，甚至迅速传遍全国乃至世界各地。

　　这也是现在舆情事件比以前多得多的原因：几乎每个月，都会有影响广泛的舆情发生。近年来，这些舆情最早爆发并引发广泛传播的媒介几乎都是互联网。互联网放大了每一个社会事件，无论大事小事、正面负面，只要条件成熟，都有可能变成舆情——

　　"我爸是李刚"大学校园交通肇事事件；

　　湖南跨省抓捕曝光中联重科的记者事件；

陕西富平产科医生涉嫌拐卖婴儿事件；

消费者怼某东售假事件；

高铁霸座事件；

甘肃武威抓捕曝光武威的记者事件；

武威市委书记火荣贵、美女副市长姜保红双双落马事件；

内蒙古跨省抓捕广东医生、抓捕疑似以小说影射伊利董事长的自媒体人事件；

华融资产管理公司原董事长赖小民巨额贪腐案件；

丰县生育八孩女子事件；

东方甄选"小作文"事件；

……

这些近年来影响较为广泛的舆情事件，都引起了巨大的社会反响。舆情事件在不断考问着政府执政能力、官二代富二代特权、司法公正、社会正义等公共议题，冲击着政府和涉事机构、企业的形象，尤其是公权力任性不断受到质疑。

与此同时，这些舆情事件也考验着相关政府、相关机构和企业的应变能力和处置水平。

（一）权力部门舆情事件

舆情事件多发领域主要集中在有关部门的办事机构，直接面对面服务百姓的窗口单位最容易出现舆情，特别是行政执法部门，如城管、警察、路政等跟公众有直接利益交集的部门。舆情焦点则集中在违法强拆；城管野蛮管理、打砸及没收商贩售卖的商品；警察、路政要特权，知法犯法，超越权限查超限超载、机动车年检等社会热点问题。其中，奇奇怪怪的罚款成为广受诟病的热点。比如，河南某地卖菜大爷销售不合格蔬菜获利 21.05 元，被罚款 11 万元；北京一家包子铺，因在外卖平台上同时售卖包子和豆腐脑儿，由于豆腐脑儿不属于主食，超范围经营被处以罚款 15000 元，并被没收违法所得 7014 元等。这些事件不仅考问了权力部门的执法水平，也考问着当地的营商环境。

案例 1：2006 年彭宇案

2006 年 11 月 20 日上午 9 点 30 分左右，在南京市 83 路公交车水西门广场站，两辆 83 路车前后进站。南京市民彭宇在第一辆车上，车进站后，后门打开，他第一个走出车门。66 岁的老人拎着保温瓶，赶去搭乘第二辆 83 路车，她行至彭宇所乘坐的那辆车的后门附近位置跌倒。

老人如何跌倒，她与彭宇是否发生相撞，没有任何第三方能提供确凿见证。此案唯一的目击证人陈老先生在案发时也参与了部分救助。据称，当时他也没有看到老人如何倒地，他在看到彭宇上前帮忙后，也上前帮忙，并打电话叫老人的儿女赶过来，整个过程大约半个小时。

彭宇将老人扶起送往医院，检查结果表明老人股骨颈骨折，需进行人造股骨头置换手术。

诊断结果出来后，老人向彭宇索赔医疗费，遭到拒绝，并在各种调解失败后，在鼓楼区人民法院提起民事诉讼。

2007 年 1 月 4 日，老人向南京市鼓楼区人民法院提起诉讼，以彭宇将其撞倒在地致其受伤为由，索赔 13.6 万余元。彭宇则称自己好心帮助那位老人，将她扶起送她去医院，却反被诬告。这场民事诉讼的一审经过了 3 次庭审，分别在 2007 年的 4 月、6 月和 7 月。

2007年9月4日下午4点30分，鼓楼区人民法院一审宣判。法院认为，本案主要存在两个争议焦点：1.彭宇与老人是否相撞；2.应赔偿的损失数额问题。

法院认为，在本次事故中双方均无过错。按照公平的原则，当事人对受害人的损失应当给予适当补偿。因此，判决彭宇给付受害人损失的40%，共45876.6元。

彭宇不服此判决，并于2007年9月18日向南京市中级人民法院提起上诉。

在南京中院二审即将开庭之际，双方当事人在二审期间达成了和解协议，并且申请撤回上诉，最后案件以和解撤诉结案，且双方当事人对案件处理结果都表示满意。

之后，彭宇案被公众当作"好人被冤枉"、"好人难做"和"司法不公"的典型案件，并被当作后来社会上一起起老人摔倒了不敢扶、道德滑坡的司法原因。

 点 评

推理代替证据的判词

一审的证据对彭宇不利。由于警方丢失了事发时对双方询问的笔录，案件缺少了原始的直接证据支撑，导致在判定"彭宇案"中"二人是否相撞"的关键事实上各执一词。

判决重证据，但一审法官却在对原告与被告相撞的事实认定上做了一些本不应该的推理分析，偏离了主流价值观，从而引发舆论哗然和公众批评，导致社会舆论普遍不认同一审判决结果。

教训和反思

"彭宇案"的负面效应是许多当事者始料不及的,司法部门应该深刻反思、吸取教训。

首先,法官不应以推理代替证据。法官认为,彭宇给老人的钱就是其将人撞倒的证据!其中,法官最广为人知的一句话是"不是你撞的,你为什么要扶?"虽然相关人员在事后被给予了停职、调离和警告的处分,但也暴露了法官的职业素养的确有待提高。

其次,警方丢失询问笔录等关键证据实属不该。这也是导致舆论认为彭宇"做好事被冤枉",从而引发社会舆情的主要原因之一。

最后,司法裁判既要尊重司法权威、坚持程序正义,也要体现对社会主流道德取向的引导作用。

依据当事人要求,双方在庭前和解协议中增设了"双方均不得在媒体(电视、电台、报纸、刊物、网络等)上就本案披露相关信息和发表相关言论"的保密条款,从而使"彭宇案"的真相未能及时让公众知晓,并经数年发酵,逐步演化为社会"道德滑坡"的"反面典型"。

2012年,南京政法委相关负责人在接受《瞭望》杂志专访时指出,舆论和公众认知的"彭宇案"并非事实真相,由于多重因素被误读和放大的这起普通民事案件,不应成为社会"道德滑坡"的"标志性事件"。

2017年6月,《人民法院报》刊文《十年前彭宇案的真相是什么?》,对"彭宇案"进行了详细解读。文中,最高人民法院详细地还原了对"彭宇案"的判决:从法律真实看来,彭宇在第二次庭审时承认"我下车的时候是与人撞了",但否认是与老人相撞。第三次开庭中,原告方提供了一份主要内容为彭宇陈述两人相撞情况的笔录照片,虽然这份笔录因警方失误丢失客观上无法提供原件,但也得到了当时做笔录的警官的确认。结合彭宇自述曾经与人相撞却说不清与何人相撞以及经警方确认的笔录照片，这就构成了优势证据，一审法院认定彭宇与老人相撞并无不妥。而从客观真实看来，事过多年后，彭宇也承认了当年确实和老人发生过碰撞。文章称，严格意义上，我国司法实践中，并未发生过一起仅因扶人而让扶人者担责的判例。人们对于该案的误解、误读越陷越深，至今仍然有不少人坚信彭宇仅因施救而被判赔偿的假象。对于"彭宇案"被误读的原因，文章指出，由于当年一些媒体一边倒地将彭宇的"人设"定为"好人蒙冤"，比"撞人该赔"更加能够吸引读者的眼球；同时人性的自私因素使大众习惯于为自身在众人中的冷漠去找到一个客观而冠冕堂皇的借口——"以讹传讹"似乎总比真相走得快一些。

尽管事实如此，但由"彭宇案"所引发的舆情，依然在持续地发酵。

"彭宇案"持续影响了舆情很多年。近年来，时常出现一些老年人因疾病、事故或者其他原因摔倒在地，甚至不小心卡在栅栏上无人施救，最终导致死亡的事件。人们在感叹"道德滑坡"的同时，经常会联想到"彭宇案"。

梁恕俭先生认为，由南京"彭宇案"纠缠而成的心结，宛如病灶，一直存在于社会，潜伏于人心，顺势应景不时发作，既是道德滑坡的标志，还是诸多缺德行为的遮羞布和挡箭牌。他们之所以冷漠，实在是对事实人情做权衡之后的无奈选择。

案例2：于欢案

根据《南方周末》2017年3月23日发表的《刺死辱母者》一文以及2018年5月11日央视 新闻频道《新闻直播间》16点的《"于

欢案"背后黑社会性质案一审宣判》的报道，女企业家苏某霞曾向地产公司老板吴某占借款135万元，月息10%。在支付本息184万元和一套价值70万元的房产后，仍无法还清欠款。2016年4月14日下午4时许，11名催债人拉来了烧烤架、木炭、肉串、零食和啤酒，将烧烤架支在苏某霞公司办公楼门口，若无其事地烤串饮酒，并非法拘禁苏某霞及其儿子于欢。在长达一小时的辱骂、抽耳光等凌辱之后，催债人之一的杜某浩脱下于欢的鞋子并将其捂在了苏某霞的嘴上。于欢试图反抗，却被杜某浩抽了一耳光。不仅如此，杜某浩还故意将烟灰弹在苏某霞的胸口上。之后，杜某浩脱下裤子，用极端手段污辱苏某霞——当着苏某霞儿子于欢的面，裸露下体。匆匆赶来的民警居然未能阻止这场羞辱。情急之中，22岁的于欢摸出一把水果刀乱刺，致4人受伤。被刺中的杜某浩自行驾车就医，却因失血过多休克死亡。

2017年2月17日，山东省聊城市中级人民法院一审以故意伤害罪判处于欢无期徒刑。

这个案件的判决被媒体披露后，很快就引起轩然大波。媒体报道蜂拥而至，信息在互联网传播中不断被渲染。由此，公众对出警民警的行为是否恰当、法院判决是否公正开始争论不休。由此，舆论一边倒地迅速发酵。

公众广泛质疑的是，讨债人当着苏某霞儿子于欢的面，用下流手段侮辱其母亲。这也是舆论引爆的关键点。而在此前一天，2016年4月13日，讨债人吴某占在苏某霞已抵押的房子里，指使手下人拉屎，并将苏某霞的头强行按进马桶里，要求其还钱。当日下午，苏某霞四次拨打110和市长热线，但并没有得到帮助。

判决书显示，2016年4月14日，多名现场人员证实，报警后，派出所的民警虽然来到了苏某霞的公司，但在进入接待室后，民警说："有事说事，别动手，不能打架。"然后，派出所的民警就从接待室出去了。苏某霞试图跟着警察一起离开，但被吴某占拦住。

"刘某兰（苏某霞公司职工）告诉《南方周末》记者，看到警察离开，情绪激动的于欢站起来往外冲，被杜某浩等人拦了下来。混乱中，于欢从接待室的桌子上摸出一把刀乱捅，杜某浩、严某军、程某贺、郭某刚四人被捅伤。"

 点 评

法律与人伦的天平

"于欢案"涉及法治、伦理、经济、治安等多项因素，民众有强烈的代入感，所以迅速吸引了各方关注，从而将司法、公安、银监等部门推到了舆论的风口浪尖上。继《南方周末》2017年3月23日曝光此案后，3月24日，事件从新闻网站传播至微博平台，各个舆论平台数据开始抬升；3月25日，各平台舆论呈全面爆发态势，在微博、微信、新闻网站、纸媒、手机客户端、论坛等平台全面传播，公众不断发声。舆论一边倒地呈现负面信息，主要质疑的是法治体制、判决不公、办案不力、黑势力猖獗等。

《中国青年报》发表评论《请给公民战胜邪恶的法律正义》。评论称：法律规定"正当防卫"行为，目的是要鼓励公民采取必要措施与不法侵害作斗争，保护自身的合法权益，从而弥补公力救济之不足。在司法实践中，如果将"超过必要限度"的"门槛"抬高，施以无差别的"对待"，只会使公民抗争邪恶的勇气遭受遏制，从而与正当防卫的立法精神背道而驰。"法律是灰色的，而司法之树常青"。同样，法律也是冰冷的，但法律精神是有温度的。任何执法不当与裁判不公，都是对法律精神的背叛与戕害。

《新京报》发表评论《"刺死辱母者"案：法院未认定"正当防卫"值得商榷》。评论称：法院未认定于欢的行为成立正当防卫，值得商榷；警察出警只是提醒了一句"要账可以，但是不能动手打人"随即离开，涉嫌渎职；对于高利贷行为只有超过一定范围的利率不受保护的法律后果，不足以遏制其伴生的此类违法犯罪行为。

《都市时报》发表评论《导致于欢"走投无路"的直接或者间接原因》。评论称：资本的冷漠、高利贷、暴力追债、个别民警可能存在的不作为，是于欢案件中暴露出来的种种问题。如何解决上述问题，恐怕比对于欢个人的判决更为重要。因为这些问题一日不解决，就意味着，未来还可能会有第二个甚至第三个"于欢"以及类似的悲剧发生。

《财新网》发表评论认为：案件聚集了中国当前基层治理顽疾的诸多情节：企业融资无门、民间非法高利借贷、涉黑势力横行以及到场民警的不作为、司法判决难服众。假如到场的民警能够制止人身侵犯，假如有关部门能够提前解决吴某占涉黑案件，假如高息民间借贷能够找到更为合适的解决途径，或许避免这场"悲剧"的概率就能大大提升。

《人民日报》（海外版）微信公众号"侠客岛"发表评论《辱母杀人案：对司法失去信任才是最可怕的》。评论认为，在中国传统的情理社会，精神侮辱所带来的"防卫的紧迫性"，其实不亚于生命健康权。要明白，杜志浩的行径是突破人伦底线的侮辱，其手段之卑劣、性质之恶劣，超出绝大多数人的想象，严重挑战了公众的道德认知。毕竟，我们每一个人都有母亲。其次，长期以来，大众对警方表现的失望也一并被裹挟到了本案中。当于欢把求援的希望放到警方身上时，他们内心是期待警方帮助他们脱困的，哪怕是暂时的。但是，警察既没有带走杜志浩们调查，又没有为于欢母子解困，其处置缺陷和实际后果，与于欢杀人间是否构成因果联系，一审法院选择性地忽略了。

令公众不解的是，目睹母亲被不法分子采用下流手段侮辱，作为儿子，于欢该怎么做？警察虽然在报警后来到事发现场，但是并没有采取有效措施，反而一走了之。处于绝望中的母子俩应该怎么做？难道作为儿子的于欢继续目睹母亲再次受辱？面对讨债人非法拘禁，求助警察无果后，继续对讨债人的侮辱、折磨听之任之？

绝望中的于欢铤而走险，保护自己和母亲，难道不应该吗？

这个案件一开始并没有进入公众视野，舆情发生明显滞后了。之所以后来变成舆情，与《南方周末》发布的报道有直接关系。

"于欢案"发生于2016年4月14日山东省聊城市，其作为一个区域性的地方事件，一开始并未引起媒体与公众的广泛关注与热议。直至将近一年后的2017年3月23日，《南方周末》发布深度调查性报道《刺死辱母者》，该事件才迅速进入公众视野并引爆舆论场，网友也就此展开了对司法的公正性、伦理道德与法理的矛盾等问题的激烈声讨。在公众潮水般的广泛质疑之下，2017年6月23日，"于欢案"终审判决结果公布，山东省高级人民法院认定于欢属防卫过当，构成故意伤害罪，判处于欢有期徒刑5年。

于欢在法庭上（图片来源：微博账号"山东高法"）

二审判决的亮点之一是，认定有防卫的存在。正如2017年5月27日最高检就此所发布的情况说明中指出的那样，从防卫意图、防卫对象、防卫时间、防卫结果等构成要件出发，认为于欢的行为可以被定性为防卫，但"明显超过必要限度"。这是公诉机关在立场上的巨大改变。

司法审判不能违背人之常情，从这个角度看，一审判决显然存在很大问题。特别是讨债人公然侮辱于欢母亲的情节极为恶劣，这是网民反对一审判决的主要原因。更何况，此事所涉及的是典型的发放高利贷问题。一直以来，民间催债乱象丛生。于欢由无期徒刑改判为5年有期徒刑，表明法院支持"于欢们"的自卫行为。这也相当于给恶性催债敲响了警钟，也给愈演愈烈的民间讨债划定了法律边界。

案例3：高唐"因言获罪"事件

董某，山东省高唐县民政局地名办主任；王某峰，高唐县人民医院血栓中心主治医师；扈某臣，高唐县一中体育教师。2007年1月1日，他们三人被送进了高唐县看守所进行刑事拘留，原因是涉嫌"侮辱""诽谤"时任高唐县委书记孙某雨。

2006年12月20日左右，高唐县民政局地名办主任董某喝了点儿酒，用卧室里的电脑上网看了"百度贴吧——高唐吧"里的帖子，有一条内容说"高唐进入全省六强，成为经济领头羊"。此时，董某想到的是地方财政吃紧，他的"医疗保障卡"里已经3个月没有按时支付医保费了。一时兴起，他跟了两条留言：一条是"孙烂鱼更黑啊"，一条是"居家过日子都要量入为出，没钱了，还搞什么建设"。董某认为，自己发帖子只是表达对地方建设、地方领导的个人观点，并无出格之处。

"借着酒劲儿发句牢骚"的还有高唐县人民医院主治医师王某峰。2006年12月23日左右，王某峰中午喝了点儿酒，回到家里，想到在医院听到有病人抱怨，说工资、医保费用都没有按时发放，就发帖子说："高唐这么好，怎么搞得工资都发不出来？"还不指名地骂了县委书记一句脏话。"就是借着酒劲儿发句牢骚。"王某峰事后这样认为。

当王某峰被从家里带到高唐县公安局刑侦一中队后，他不断地被追问"在网上发过什么言论""为什么攻击领导，谁指使你干的"等问题。被释放时，为了不给单位带来麻烦，他选择了沉默，没有主动向外界反映自己被羁押21天的情况。面对记者，他小声说，还是希望能够在一定程度上"恢复名誉"。

而高唐县一中体育教师扈某臣也被带到县公安局刑侦一中队。但他表示自己根本没有在网上发帖，是警方根据电话网址查到了他所在的中学。由于是公家的电脑，究竟是谁发的帖，没有人能说清楚，而警方认定是他发的。

在高唐县一中，记者找到扈某臣时，他还坚持说网上的帖子不是自己发的。对电视台播出他戴着手铐走进看守所等镜头，他至今感到难以面对自己7岁多的孩子，觉得"难以解释"。"我需要平静地生活。校长也对我很好，我认了。"他淡淡地说。

在三人中，只有董某还在为此事奔走。被释放后，他在家休息了一周，就开始向聊城市纪检委、检察院和山东省纪检委、检察院反映问题，但至今没有结果。甚至向上级寄送材料，他和家人都心有余悸，不敢在高唐县寄出，而是选择到附近的县市寄出，但大多都石沉大海。

 点 评

权力的傲慢与任性

高唐"因言获罪"事件是政府面对公众质疑的典型的反面操作。权力的傲慢与任性，严重损害了公权力的形象。此后，各地又出现了多起跨省抓人事件。其中2018年1月10日傍晚，内蒙古自治区凉城县的数名便衣警察前往广东抓捕在网上发帖称"鸿毛药酒是毒药"的广州医生谭秦东；2018年4月2日，呼和浩特市警方以"寻衅滋事"罪名跨省拘捕在个人公众号上连载小说《出乌兰记》，被指影射伊利集团高层的自媒体人刘成昆等事件，无论被抓捕方是否涉嫌违法犯罪，都在社会上引起了极大的负面舆情，得不偿失。

"高唐网案"的三名当事人因"黑"时任县委书记孙某雨，竟在不到 10 天的时间里就被精准锁定、火速拘留。就连拘留所里的影像也未经模糊处理就被"领导授意"在当地电视台循环播放 5 天。不得不说，作为"一把手"的孙某雨已将自己的"绝对"权威视为快速、直接解决问题的捷径，其特权作风可见一斑，这也为他日后的种种作为埋下了祸根。

此事被公布后，一时间，孙某雨被推上了舆论的风口浪尖，引起有关部门的重视。2008 年 2 月 1 日，孙某雨被免去高唐县委书记职务。

2015 年 4 月，孙某雨在聊城大学自己的办公室被山东省纪委工作人员带走。山东省纪委对聊城大学原党委常委、副校长孙某雨严重违纪违法问题进行立案审查。依据《中国共产党纪律处分条例》《事业单位工作人员处分暂行规定》等规定，经省纪委、省监察厅研究并报省委、省政府批准，决定给予孙某雨开除党籍、开除公职处分；收缴其违纪所得；将其涉嫌犯罪问题、线索及所涉款物移送司法机关依法处理。

2017 年 9 月 25 日上午，菏泽市中级人民法院一审公开宣判聊城大学原党委常委、副校长孙某雨受贿、贪污案。法院认定被告人孙某雨犯受贿罪，判处有期徒刑十年六个月，并处罚金人民币六十万元；犯贪污罪，判处有期徒刑四年，并处罚金人民币三十万元；决定执行有期徒刑十二年，并处罚金人民币九十万元。

案例 4："草包书记"事件

2021 年 1 月 22 日，贵州省贵阳市的任女士向《东方今报》记者反映，她在毕节市兰苑花园小区居住时，因在该小区业主群质疑业委会不召开业主大会便擅自让新物业公司通过试用期的行为时，不满社区支书刘某的"开不开业主大会，怎么开是业委会的事"的回应，就将该回应截屏发到了业主们的一个维权群里，并在下面跟了一句"看这个草包支书是怎么说的"。就因为这句话，刘某向毕节市公安局七星关分局洪山路派出所报了警。而洪山路派出所民警为此专程赶到贵阳市用手铐将任女士铐回毕节市，并将其行拘3日。在此过程中，警方存在违法传唤、违法使用手铐、虐待等问题。

事件微信截屏

1月25日，《东方今报》以《贵州女子微信群骂社区支书"草包支书"，被毕节警方跨市铐走行拘》为题，对该事件进行独家披露。该新闻也迅速登上热搜。

1月26日，毕节市公安局对外发布通报称，经复议查明：任某在微信群侮辱他人的行为存在，七星关分局洪山路派出所受案后多次通知任某到派出所配合处理，但遭到任某拒绝，七星关分局红山路派出所遂进行异地传唤。经审查，该传唤程序违法，依法撤销七星关分局对任某作出的行政处罚决定，并责令七星关分局依法处理后续相关事宜。涉事派出所所长及办案民警已停职接受调查。

2021年2月初，任女士拿到了精神损害赔偿；3月底，拿到了国家赔偿。但任女士的诉求是必须追责，要有一个完整的处理结果。

据任女士说，5月28日17时左右，毕节市公安局、毕节市公安局七星关分局和调查组等六七名工作人员专程赶到贵阳找到她，并将她带到一家酒店的会议室里，向她通报了对警方相关人员的处分。毕节市公安局七星关分局新任局长郝局长就工作人员对其造成的伤害专门道了歉，并将对相关人员的处分向其做了宣读，之后又让她看了一遍相关处分的红头文件。

在该文件中，她看到毕节市公安局七星关分局原局长周某因负有领导责任，被处以党内严重警告处分，但"他不是撤职，他还有其他职位"；七星关分局洪山派出所正、副所长杨某和张某被给以撤职和降三级处分。"被处分的有10人左右，基本都是民警方面的，包括区公安分局法制科的相关工作人员也被记了大过。"

点 评

摸不得的老虎屁股

"草包书记"事件是普通百姓据理力争，最终维护了自己权益的成功案例。这件事之所以能引起广泛关注，其中一个因素是被骂"草包书记"的当事人作为一级干部，不认真反思业主的批评是否有道理以及自己工作中是否存在偏袒问题，而是选择报案。虽然报案是公民的权利，但作为公职人员，首先应该做的是及时沟通和检讨自身工作是否有问题。报案，无论对错，都会给公众造成以权压人的感觉。

作为一级基层派出所的七星关分局洪山路派出所，针对报案没有依法办案，而是受案后多次通知任某到派出所配合处理，在遭到任某拒绝后，遂进行异地传唤。这不免给人以势压人、滥用公权力的感觉。

近年来，司法办案不公问题屡屡成为公众诟病的热点，其中原因之一是程序违法、违法违规办案、草率办案，或法律依据不足，故难以服众。新冠疫情防控期间，这样的事件更加突出。比如，有的农村老百姓跑到池塘钓鱼，被警察撅断鱼竿；因未严格遵守防疫要求，有的老百姓被绑在村口的树上，甚至有的老百姓被游街示众。

2021年8月10日，江西丰城一位网名叫"无线观察"的教师在网上有关扬州疫情的新闻下面留言，说扬州可以试验一下"放弃严格防疫，与病毒共存"，结果被当地警方行政拘留了十五天。8月11日，"丰城发布"的微信公号上发布了一则简短消息，全文如下：

"8月10日，我市一名教师张某良在今日头条以'无线观察'的用户名发布涉疫情不当言论，造成不良社会影响，市公安局及时处置，于8月11日依法对张某良予以行政拘留十五天的处罚。该教师在发布不当言论后，及时认识到错误，深感后悔，主动删除了网帖，并在原账号向广大网民致歉。"

这位教师究竟发布了什么涉疫情不当言论呢？从众多媒体所发布的消息看，这位教师的不当言论是："扬州面积不算大，人口也不算多，可不可以让扬州试验一下放弃严格防疫，与病毒共存，看看会产生什么结果，这样可以为全国后期防疫提供借鉴，仅仅是建议，勿喷。"

这里哪些是不当言论呢？仔细分析，可能只有如下这些算是"不当言论"吧——"可不可以让扬州试验一下放弃严格防疫，与病毒共存，看看会产生什么结果，这样可以为全国后期防疫提供借鉴"。其中，"让扬州试验一下放弃严格防疫"不符合我国现行防疫政策，但这只是一种建议，是否实行，他也做不了主。另外就是"与病毒共存，看看会产生什么结果"。但这种观点，西方多国领导人都曾提出过，世卫组织总干事谭德塞都提出过全民免疫的设想，在国内也屡被防疫专家提及。包括张文宏也曾说："数据可以告诉我们，未来哪怕我们每个人都打了疫苗，新冠仍然会流行，不过流行的程度会降低，病死率可以降低。开放后还会有人感染，未来各国均要面对的是疫苗降低了病死率与疾病的传播，但是非常重要的还有市民的防控意识，国家的公共卫生体系（包括医院和疾控）的力量，才能最终达到与病毒的和谐共处。"

而且从文字内容看，这段话也没有嘲笑侮辱扬州人的意思，纯属意见建议。难道全民都积极防疫，老百姓就没有提建议的权利吗？如果老百姓在网上批评了防疫政策、批评有的地方防疫做法有问题，是不是还会涉嫌刑事犯罪？

至于丰城警方所说的"造成不良社会影响"，丰城警方也没有给出足够证据。

此外，"不当言论"这个结论是怎么得出来的呢？是有一整套判定的法律依据，还是丰城警方集体讨论的结果？或是丰城警方领导们一起拍脑门儿的结果？司法机关的权威来自人民的授权，源于法律明文规定，而正常的批评属于言论自由范畴。是否违法，归根结底，还是法律说了算，而不是司法机关说违法就违法。因此，这是典型的滥用授权，是对法律缺乏敬畏。

在涉及政府公权力层面的舆情事件中，舆情焦点高度集中的是城管野蛮执法问题。网上经常会看到触目惊心的野蛮执法的视频：执法人员拿走或者扔掉老百姓的蔬菜水果等公民财产、殴打老百姓等。其中2021年12月6日，江苏南通市容管理人员当街背摔老人、几十名黑衣人拿光老人甘蔗事件引起了全网强烈的舆情反弹。

案例5：江苏南通几十名"城管"拿光老人甘蔗事件

2021年12月6日晚，一段"江苏南通市容管理人员当街抢夺卖甘蔗老人的甘蔗"视频在网络上被大量转发，引发社会关注热议。

网传视频显示，数十名身穿"静通市容"字样制服的年轻人把一名骑车带着甘蔗的老人团团围住，之后老人车载的甘蔗瞬间被抢空；老人独自在原地哭泣，哭声令人揪心。据极目新闻报道，事发地镇政府回应称，视频中身着保安制服的人员属政府购买服务的第三方市容管理公司，已对责任人暂停工作，并启动问责程序。

相关网络视频截图

12月7日，微博账号"海门发布"称，有关该区三星镇市容公司人员粗暴对待卖甘蔗老人的事件，后续处理说明如下：

1. 区纪委介入调查，对三星镇负有管理职责的政府主要领导、分管领导、城管中队负责人、城管片区责任人启动问责程序。

2. 三星镇政府登门向老人致歉。

3. 三星镇终止与南通静通市容管理有限公司的合作，将南通静通市容管理有限公司列入黑名单，并根据合同条款对南通静通市容管理有限公司进行相应经济处罚。

4. 区政府今天下午召开全区城管执法人员警示教育会议，深刻吸取教训，宣传文明执法、温情执法。感谢社会各界的监督。

海门发布 V
7分钟前 来自 HUAWEI P30 Pro

【处理意见】

有关我区三星镇市容公司人员粗暴对待卖甘蔗老人的事件，后续处理说明如下：

1.区纪委介入调查，对三星镇负有管理职责的政府主要领导、分管领导、城管中队负责人、城管片区责任人启动问责程序。

2.三星镇政府登门向老人致歉。

3.三星镇终止与南通静通市容管理有限公司合作，将南通静通市容管理有限公司列为黑名单，并根据合同条款对南通静通市容管理有限公司进行相应经济处罚。

4.区政府今天下午召开全区城管执法人员警示教育会议，深刻吸取教训，宣传文明执法、温情执法。感谢社会各界的监督。

2021年12月7日　◎ 南通·海门　收起全文 ∧

南通·海门
南通海门三和镇

☆ 收藏　｜　☑ 转发　｜　💬 4　｜　👍 4

市容管理人员的粗暴抢夺与老人的无助哭泣形成强烈反差

市容管理人员抢老人的甘蔗事件之所以会引起全网一边倒的反弹，第一，视频触动了老百姓内心最柔软的部分。一群年纪轻轻的青年人，一位在冬日里的南通三星镇街头卖甘蔗的老人；一边是一群人粗暴地抢老人甘蔗，一边是老人无助地哭泣，形成了极大的反差。公众最普遍、最直接的质疑是，这群年轻人毫无尊老的意识，没有起码的悲悯之心。

第二，这群抢老人甘蔗的年轻人并不是执法人员，而是一家名为南通静通市容管理有限公司的企业员工。当地政府把市容管理以2700万元/年的价格外包给了这家公司。既然不是执法机关的执法人员，他们哪来的权力剥夺公民的财产？即使是执法人员，如果要剥夺公民合法财产，也要有法律依据。

第三，当地政府以购买服务的方式出让公权力的法律依据何在？按照《中华人民共和国行政处罚法》《中华人民共和国行政强制法》的规定，无论是作为行政强制措施的"扣押"行为，还是作为行政处罚措施的"没收"行为，都只能由执法机关的国家工作人员来行使。《中共中央 国务院关于深入推进城市执法体制改革 改进城市管理工作的指导意见》也明确规定："协管人员只能配合执法人员从事宣传教育、巡查、信息收集、违法行为劝阻等辅助性事务，不得从事具体行政执法工作。"从这些明确规定来看，当地政府出让公权力已经涉嫌违法了，与我国倡导的依法治国精神背道而驰。

第四，当地处理这起舆情事件被广泛认为是蜻蜓点水。

据@海门发布 2021 年 12 月 8 日消息：

近日，南通市海门区纪委、监委依纪依法对 12 月 6 日发生在三星镇的"粗暴对待卖甘蔗老人事件"进行调查处置。有关处理情况如下：

解除三星镇综合执法局工作人员陆某某劳动关系；给予三星镇综合执法局四级主任科员蔡某某政务记大过处分；给予区城管局第三大队三星二中队队长祝某政务记大过处分；给予区城管局第三大队副大队长沈某某（主持工作）政务记过处分；给予三星镇分管副镇长支某政务警告处分；给予三星镇镇长袁某某诫勉，并责令作出书面检查。

这样一起引起全网批评、有违人伦的事件，对涉事人员的处理就是记大过处分。这不由得让人们想起了 2021 年南通城管拎摔老人事件。南通经济开发区小海街道的城管暴力执法视频在网上被大量转发，引发舆论高度关注。视频显示：2021 年 9 月 15 日下午，一名老人正准备摆摊，一辆执法车上走下三名执法人员，先是将老人手中的杆秤拿走。老人索要后，杆秤被城管掰断。当城管准备驾车离开时，老人坐在车辆后备厢上，被一名城管员一把拎起狠狠摔在地上。

9月16日凌晨，南通公安局开发区分局通报称，城管协管员吴某在管理流动摊贩过程中，有故意损毁财物和故意伤害他人身体的违法行为，被行政拘留十五日并处罚款一千元。

人们不禁要问：为什么这样恶劣的、有违中华民族传统美德的、粗暴对待老人的事件屡屡发生在江苏南通？城管协管员吴某的粗暴行为仅仅是这位协管员个人的偶发行为吗？一群年轻人粗暴地哄抢老人甘蔗也同样是偶发事件吗？对当地政府主管部门的官员不进行处理或者从轻处理，是不是还会有类似事件发生？

相关视频截图

但当地政府面对舆情的反应速度还是值得肯定的。无论是拎摔老人事件还是抢甘蔗事件，当地都迅速地做出了反应，及时进行了处理，避免了事态进一步恶化。在抢老人甘蔗事件中，当地政府在事发第二天就一口气采取了启动问责程序、登门向老人致歉、终止与南通静通市容管理有限公司合作并将其列入黑名单、召开全区城管执法人员警示教育会议等四项措施；对于拎摔老人事件，当地公安局在次日凌晨就通报了行政拘留、罚款等处理决定。

但公众普遍认为，后续的处理处罚较轻。人们担心，如果不采取更为严厉的措施，这样的丑闻还有可能再次发生。

（二）与企业有关的舆情事件

案例1：高铁霸座事件

在涉及企业的舆情当中，铁路方面的舆情显得尤其突出。原因之一便是铁路部门面对旅客霸座时的处置方式受到质疑。现在几乎每个月都会发生高铁霸座事件，其中影响较大的是孙博士高铁霸座事件。之所以这件事影响较大，关键在于孙博士是一个受过高等教育且拥有博士头衔的人。这位孙博士面对高铁乘务人员的一再劝导，坚持说自己动不了，一直霸座到终点站下车。当事人的高学历和不文明行为之间，形成巨大的反差。这本来是乘客的一种不文明行为，却让铁路方面中招了。

高铁乘务人员的耐心和礼貌可圈可点，但让公众持有异议的是，铁路方面对这种霸座行为束手无策。问题就在于，铁路工作人员和乘警面对旅客霸座的处置失当。

高铁列车实行实名制，除了超售的站票外，全都是一张车票对应一个固定座位。这位孙博士坐在了不是自己车票所对应的座位上，已经违反了铁路客票的相关规定。无论是乘务人员还是乘警，尤其是乘警，承担着维护列车运行秩序的法定责任，理应依法及时予以制止，但列车上的工作人员却都束手无策，听任孙博士霸座一路。

这不仅是失职，也是对扰乱列车运行秩序和不文明行为的一种纵容，对那些遵守秩序的旅客来说也不公平。

他山之石

网民们找出其他类似事件中承运方的应对措施，其中国外某航空公司的操作令人耳目一新。在加拿大一架飞往中国北京的航班上，一对华人青年夫妇在飞机平飞后，到了飞机客舱后排，躺在了原本供乘务人员休息的座椅上。空姐几次询问，夫妇俩都坚称自己身体不舒服。于是，飞机在就近的机场降落，救护人员抬着担架要接夫妇俩下飞机。这时候这对夫妇却活动身体、胳膊，显示自己没事了。但是，机场坚持要他们躺在担架上被送下飞机。结果是，救护车将这对华人夫妇送往医院。随之而来的除了巨额费用，还有损失的机票。航空公司和机场地面人员以及医务工作者严格遵守民航客机旅客空中生病的操作程序，本着"对旅客负责任"的精神，无可争议，也让这对华人夫妇哑巴吃黄连，无话可说。相信有了这样的规范操作，这对夫妇肯定不会在民航客机上再出现类似的"身体不适"了。

网友质疑，面对孙博士这样的霸座男，铁路方面为什么不本着人道主义精神，协助向乘务人员明确表明自己不能动弹的孙博士在就近的高铁站下车并将其送往医院救治呢？

此事发生后不久即出现的高铁"霸座女"同样令人气愤。某女士买的是过道座位10D，偏偏要坐靠窗位置10F。乘警一再告诉她坐错了位置，这位霸座女还胡搅蛮缠，坚持说自己坐得没错。还有的乘客明明买的是二等座，却偏偏要坐一等座甚至商务座。对此，列车工作人员除了规劝，也同样无计可施。

那么，公众是否能这样理解：列车上没有相应的处置操作规范。

其实，对那些不按规定坐在自己购买的车票所对应座位的乘客，工作人员完全可以依据实名制售票的规定，要求其坐回自己的座位。如果不听劝阻，完全可以采取治安等法律规定的措施。而对于买二等座却坐一等座、商务座且拒不听从劝告的乘客，在确认其所霸占的座位没有出售的情况下，完全可以要求乘客补足票款。这样不仅维护了正常的列车运营秩序，也通过合法的经济手段，警示了霸座等不文明行为。

有的乘客把脚放在对面的座位上，不仅不听劝阻，还辱骂列车工作人员；有的乘客不仅辱骂乘警，甚至还和乘警动手。类似行为，均已涉嫌违法，情节严重的，甚至涉嫌犯罪了。

不文明乘客霸座的个人行为引火烧身到承运人铁路部门

面对屡屡出现的乘客霸座等不文明事件，铁路部门有的束手无策，有的最后无一例外都是罚款和将霸座乘客列入黑名单。公众不免质疑，作为维护列车运行秩序的列车工作人员和乘警，为什么没有采取行动制止这种不文明行为？其中尤其令人质疑的是，占着别的乘客的座位拒不让的行为，已经侵害了其他乘客的正当权益。作为承运人的代表，列车工作人员完全有责任也有义务维护遵纪守规守法旅客的正当权益。为什么铁路工作人员却束手无策呢？即使列车工作人员给被占座乘客调换了其他座位，但霸座乘客的行为已经侵害了其他乘客的利益。对此，列车工作人员的隐忍固然令人感动，但不能果断采取措施，维护乘客利益，也必然会被公众所诟病。

案例 2："徽州宴"事件

2021 年 7 月 2 日，安徽蚌埠一女子邹某带着自家的宠物狗下楼丢垃圾，在返身回楼的时候，同小区住户邵某刚好带着孩子下楼去市场买菜。由于邹某的狗没有拴绳,狗对着邵某的孩子直扑过去,将邵某的孩子吓哭了。为此,孩子家长与狗主人发生口角,并发展为互殴。据邵某反映,邹某家的宠物狗经常不拴绳子,2020年就曾因她家的狗不拴绳子对她提出过意见,但邹某并没有听取意见,依然我行我素。所以,7月2日,当邹某的狗扑向邵某的孩子时,邵某非常生气,遂言辞激烈地指责邹某。但这位狗主人不但没有道歉,反而动手与这位抱着孩子的妈妈打了起来。于是,孩子妈妈当场选择了报警。

办案民警到场后,遛狗女子还大声威胁、恐吓邵某,向其大声吼叫:"(你)敢动我的狗,我就给你孩子弄死。不就是钱吗?老子有钱!老子干了几个'徽州宴'了,都是我干的!老子有钱,不怕。几千万都能赔得起!你那小孩还没我的狗值钱呢!"

"人命不如狗!"这位"徽州宴"女老板的嚣张言论马上被围观群众拍下视频上传到了网上,很快轰动了网络。

网友们气愤之余,纷纷起底这位"徽州宴"老板娘邹某。

"徽州宴"是安徽蚌埠当地一个高档宴会中心,是承办各种宴会、婚礼的好地方。而遛狗不拴狗绳的邹某,正是"徽州宴"的老板娘。

7月3日,蚌埠徽州宴餐饮有限公司赶紧发布了一则致歉信——

大致意思是:视频所涉当事人行为纯属个人言行,与公司无关,公司决定解除和当事女子的聘用关系;公司由多名股东组成,并非视频当事人所言为"某某人家的公司",该言论不能代表公司。

没想到,这则声明刚发出,就被网友贴出的一张图"打脸"了。

根据网友提供的企查查的信息显示,蚌埠徽州宴餐饮有限公司只有两个股东:一个是盛某涛,持股比例90%;另一个是王某,持股比例10%。

盛某涛持股 90%，是最大的股东，也是嚣张的狗主人的老公。占股 90% 意味着什么？这就是绝对的大股东——控股股东。

部分网友议论如下——

按照这个图片的数据来看，这个公司就两个股东，何来几个股东？

老板把老板娘给炒了？又不是离婚！这糊弄谁呢？

明摆着，就是跟网友玩文字游戏，企图蒙混过关。

至此，这封致歉信不但没有得到网友的原谅，反而激起了网友们的愤怒。

随后，网友们开始抵制"徽州宴"，纷纷表示不会再去那里吃饭了。一夜时间，徽州宴的生意一落千丈。

然而，这仅仅只是一个开始。

经过充分调查取证，7 月 5 日下午，蚌埠市公安局经开分局发布警情通报，称当地公安机关对引发纠纷的两名女性当事人均已作出行政拘留处理。徽州宴老板娘被行拘 7 日，小女孩母亲被行拘 3 日。

为了避免损失更大，以影响下半年的生意，狗主人的丈夫盛某涛邀请了当地媒体，向公众再次道歉，并深深鞠躬。

然而，令人大跌眼镜的是，这边道歉还没完结，又冒出来一个人，号称是徽州宴老板娘的外甥，公然为这个遛狗的老板娘洗白。

大致意思如下：

邹某是他的二姨，网上发布的视频并不完整，完全是恶意剪辑，断章取义。邹某那条狗的身价是 70 万元，不是普通的狗，而是退役的狗，很聪明，也和人很亲昵。事发当天，狗狗只是想和小朋友玩耍，所以靠近了那个小孩，并不像网上说的那样，是吓到了孩子。只是小孩的妈妈脾气比较暴，张嘴就骂起了人，所以才造成了后面的争吵。而邹某之所以说出人命不值钱的话，也是因为太生气了，本身没有恶意。

紧接着，这个外甥给他的二姨"补了一刀"——

邹某已经陷入抑郁了，希望网友不要被误导。她没有什么错，错就错在太有钱。

"她没有什么错，错就错在太有钱。"——这个外甥的"洗白"言论一经发出，再次引爆网络。

随着事件越来越火爆，越来越多的网红们纷纷齐聚徽州宴大门口，开始进行直播。

没想到，这还不算完。就在各大网红直播的时候，一辆黑色轿车出现在现场，并不断播放着"外地的这帮人赶紧滚回去""本地人也不要围观，不要让外地人看我们笑话，太丢人了"。这一举动显得十分拙劣。

随后发生的一件事，彻底将"徽州宴"事件推向了最高潮。

大家都知道，在中国做生意，是需要按规定纳税的。而这位女老板声称"几千万都能赔得起"。于是，有公众按照老板娘拥有3000万元资产来计算，她应该缴纳个人所得税1350万元。如果这3000万元以徽州宴的经营收入来计算，按25%的企业所得税计算，"徽州宴"也应该缴纳企业所得税750万元。如果按优惠税率1%计算，也应该缴纳30万元。然而网民爆料，这位女老板2021年上半年仅缴纳个人所得税100元，加上公司的纳税额，一共纳税3250.48元。网友戏称"事大了"。

徽州宴税务有偷税漏税问题?一年缴税100元,网友:打蛇打七寸...
6小时前 腾讯视频观看完整版 徽州宴税务有偷税漏税问题?一年缴税100元,网友:打蛇打七寸! 00:00 按住画面移动小窗 X 免责声明:本文来自腾讯新闻客户端自媒体,不代表腾讯网的观...
腾讯网   百度快照

徽州宴税务有偷税漏税问题?一年缴税100元,网友:打蛇打七寸!
6小时前 徽州宴税务有偷税漏税问题?一年缴税100元,网友:打蛇打七寸!查看网友的精彩评论 推荐阅读 叮,你有1份7月文案请签收 APP专享做娱乐达人 0评论 大学生撞人后杀人灭口,本...
腾讯网   百度快照

徽州宴税务问题揭底,老板娘实力宠夫,离婚也没得救了|...
1天前 但是,税务部门的介入让盛老板瘫软在地。这是致命的一击。目前从网上查到的信息是徽州宴老板今年纳税100元,徽州宴企业纳税3250,这对于一家规模如此之大的企业来说正...
网易新闻   百度快照

徽州宴事件税务局介入了吗 老板娘今天出来是真的吗?-证券...
1天前 根据网曝资料显示得知,徽州宴老板整个上半年才缴纳了100元的个人所得税,徽州宴企业的上半年交税一共加在一起是3254.48元。针对相关的问题,有消息指出税务局,已经正式...
finance.gucheng.com/202107/406...   百度快照

徽州宴年利润超千万,纳税仅3254元,网友:我上班族都比他多

2天前 如果按照蚌埠市的税收优惠政策,那么最低也要缴纳30万的税费,而根据徽州宴的纳税记录,老板个人一年才交税100元,公司所以税加在一起才3254.8元。针对这种情况,有网友表示: 我一个上班族都...
🍴 餐饮新纪元   百度快照

徽州宴交税有问题?越是有质疑,越应该尽早公开调查!

图片来源：百度

谁都没想到，一直叫嚣着赚了几千万元的老板娘，一经查询，2021年上半年个人所得税竟然只缴纳了100元。

毫无疑问，随着事态不断升级，徽州宴事件已经上升到涉嫌偷税漏税的违法事件的高度了。

随着事件的进一步发酵，开始有已在徽州宴办理消费卡和在徽州宴预订酒席的客户向徽州宴提出退款、退订单、退房的要求。而徽州宴却态度强硬，不给退。这无异于火上浇油，导致全网声讨徽州宴。当地人不去徽州宴吃饭，供应商中止合作，徽州宴最终关门停业。后来更是被网民爆出，这家徽州宴的招牌改名换姓了。

点 评

一起普通的邻里纠纷如何让家族企业引火烧身，
成为弥漫全国的舆情？

徽州宴事件是老板娘口不择言引起的舆情事件。之所以一起不遵守法规、遛狗不拴绳的小纠纷，最终演变成引起公愤的舆情，仔细分析，其中有几个因素不可忽视。

第一，徽州宴女老板遛狗不拴绳本来就违反了养犬规定，有错在先，而且吓到了小孩。涉事双方都是小区居民，完全可以低调妥善处理。一般情况下，只要是向对方道歉、谋求和解就没事了，但老板娘过于强势，说出了"（你）敢动我的狗，我就给你孩子弄死。不就是钱吗？老子有钱！""几千万都能赔得起！你那小孩还没我的狗值钱呢！"这样的话，其言外之意就是"你家孩子的命没有我家的狗命值钱"。这是公众无法接受的。

第二，女老板把两个人之间的小纠纷，牵扯到自己家的生意上来——"老子干了几个徽州宴了，都是我干的！老子有钱，不怕。几千万都能赔得起！"由此，寻常的邻里之间的小纠纷演变成网民对其家族企业的质疑。

第三，徽州宴急于撇清与女老板的关系，以化解矛盾，但其发表的声明缺少真诚。没想到网民查到徽州宴只有两个股东，所以网友戏称这份声明是：两个人的股东会议，老板开除了老板娘。因为缺少真诚，必然弄巧成拙。真诚是化解矛盾的基础，也是当事方诚意的体现。

第四，公众抵制徽州宴，提出退款、退订单，徽州宴却态度强硬，不给退款、退订单，等于火上浇油，导致徽州宴生意受到严重影响，最终更改了店名。

本是一场普通的纠纷，但给人的感觉是老板为富不仁，仗着有几个钱就横行霸道。网民们不断深挖，不仅挖出徽州宴涉嫌偷税漏税，而且挖出其之前确实有花钱息事宁人的案子。

与此同时，通过徽州宴事件，当地相关部门也受到了公众的质疑：

一是徽州宴偷税漏税，为什么要等到网民挖出来？税务部门干什么去了？

二是涉事女老板名义上被拘留七日，但实际上当天就保外就医了，没有被拘留一天。虽然程序合法，却必然会受到诟病。

三是涉事的另一方——被徽州宴女老板的狗吓到的小孩母亲被拘留三日受到质疑。作为受害方，自己的孩子差点被狗咬，出于母亲的本能保护自己的孩子无可厚非。虽然这位母亲最先打了徽州宴女老板，但并没有产生严重后果。而且这还是一位未成年孩子的母亲，警方完全可以进行变通，但警方却各打五十大板。虽然由于徽州宴女老板言辞过于刺激，将小女孩母亲被拘留的事淹没了，但网上也有人对此提出异议。再加之与徽州宴女老板保外就医形成鲜明对比，难免引起公众不满。

案例3：储户100万元存款5年后变成1元反而被拘留

2009年7月，孙某梅在山东枣庄恒泰农村合作银行薛城支行永福北分理处存入50万元，同年9月又存入50万元。

2014年9月，山东枣庄恒泰农村合作银行进行改制，改制后的银行为枣庄农村商业银行股份有限公司。

2014年下半年，孙女士取钱时发现，存折上仅有1元钱。双方争吵中，银行方面报警，派出所记录材料后并未处理，而是告知孙女士去法院处理。

于是孙女士提起了民事诉讼，但枣庄农商行报案称，该行与孙女士之间不存在储蓄合同关系，其所持有的存折经鉴定系伪造，系无效凭证。2017年1月6日，孙某梅因涉嫌伪造、变造金融票证被枣庄市公安局薛城公安分局立案侦查，并于2018年3月21日被刑事拘留。同年4月17日，孙女士因患重病被取保候审。

2020年4月9日，枣庄市公安局薛城分局出具《终止侦查决定书》，称经查明没有证据证实孙某梅实施了变造金融票证的行为。

2020年12月，经枣庄市薛城区人民法院判决，枣庄农商银行薛城支行于判决生效之日起十日内向孙女士支付存款100万元及利息。

按照判决，枣庄农商行薛城支行本应在2021年1月2日前向孙女士支付存款及利息，但银行方面却迟迟未支付。直到2021年7月1日，该行被法院立案强制执行，执行标的为100万元。

点 评

诚信缺失是金融机构的硬伤

同样是企业的舆情事件，这家农商银行的性质相比上述其他舆情案例而言，显得极为恶劣。

诚信、信誉是金融机构的生命。在这个案例中，银行的诚信严重缺失，这对于金融机构而言，是致命的。

第一，银行有义务保证储户存款安全。这是其法定义务。但储户孙女士的 100 万元存款 5 年后却变成了 1 元钱。

第二，银行对储户态度恶劣，倒打一耙，涉嫌诬陷。

储户存款从 100 万元变成 1 元钱，存款提取都有记录。但涉事银行不仅否认 100 万元存款，没有积极理赔，反而报案，称孙女士仿造存折，认定该行与孙女士之间不存在储蓄合同关系，其所持有的存折经鉴定系伪造，系无效凭证。这导致孙女士于 2018 年 3 月 21 日被刑事拘留，身陷囹圄将近一个月，并在前后三年时间内被当地警方当作刑事案件当事人调查。

《中华人民共和国刑法》第二百四十三条规定："捏造事实诬告陷害他人，意图使他人受刑事追究，情节严重的，处三年以下有期徒刑、拘役或者管制；……"

虽然民事判决还了孙女士清白，但这家农商银行诬陷储户的事实成立，并且造成储户孙女士被羁押将近一个月的后果。但公安局、检察院却没有启动对其诬陷储户的刑事调查程序。

第三，农商银行视司法审判为儿戏，拒不执行法院判决。

2020年12月，经枣庄市薛城区人民法院判决，被告枣庄农商银行10日内向孙女士支付存款100万元及利息，但被告枣庄农商行拒不执行法院判决，直至2021年7月由法院强制执行，储户孙女士才拿回本就属于自己的100万元存款及利息。

第四，银行的形象败坏了。

有网民戏称："在别的银行存款吃利息，在这家银行存款吃官司。"

第五，这件事所造成的更为恶劣的影响还在于，这家银行罔顾事实，不讲诚信。

诚信是金融业的根基。明明储户孙女士在这家银行存了100万元，这在银行后台数据库都能查到，而且储户存款提取都有记录，银行却矢口否认。

银行一旦不讲诚信，哪个储户敢把钱存在这家不讲诚信的银行？哪个客户敢和这样的银行做生意？

上述企业的舆情事件，无一例外都波及相关政府监管机构。

在高铁霸座事件中，对待无赖，如果在一再说服教育均不起作用的情况下，就不应仍然停留在说服教育阶段，而应让有执法权的列车乘警介入，采取法律手段。在类似事件中，对待霸座、蛮横不讲理的乘客，公众看到的往往不是列车工作人员和铁路乘警如何依法依规主持正义，更多的是一味迁就。

在徽州宴事件中，当地政府态度不明朗，即使后来表态，也是在舆情推动下的被动反应。对于其中的企业涉嫌偷税漏税问题，即使在公众的强烈呼吁下才被查了出来，相关部门之前的失察也难辞其咎。

在山东孙女士百万元存款5年后变为1元事件中，金融监管机构和司法机关同样难辞其咎。孙女士是否在这家银行有100万元存款，公安机关完全可以依法调取这家银行的数据库，一查便知。本不复杂的事，法院没有采取措施落实储户存款是否属实，却听信银行一面之词，将储户孙女士羁押近一个月。

企事业单位的舆情焦点主要集中在铁路、医院和学校等为大众服务的领域。医院的舆情主要集中在医务工作者过度治疗、见死不救等违背"白衣天使"救死扶伤宗旨的不良行为；学校的舆情主要集中在学校和教师侵害学生利益的师德师风方面，另外比较突出的就是外国留学生超国民待遇问题，比如免试入名校、巨额奖学金、舒适的住宿条件，以及给留学生配"学伴"等问题上。有些被诟病的是政策问题，有些则是医德、师德问题。

应该说，绝大部分舆情持续的时间较短，焦点很快就会被下一个舆情所转移，但 2021 年保险公司前员工张乃丹举报管理层腐败事件和河南焦作教师姚艳艳职称评定事件却罕见地持续发酵。主要原因在于，这两个事件都发生在涉及老百姓切身利益且长期受到诟病的领域。

虽然张乃丹举报的是保险公司管理层的内部腐败问题，但公众对保险欺诈、虚假保单、阴阳保单等乱象诟病已久，因而会将心比心、设身处地地思考，从而形成共鸣。这是这件个案引起广泛舆情的心理因素。

焦作教师姚艳艳事件之所以持续发酵，并不是公众对教师评职称这个话题多么感兴趣，也不仅是不满姚艳艳教师在职称评定过程遭遇了多少不公平，更多的是反映了公众对目前各行业职称评定中的制度规定、腐败问题的不满，体现的是公众对发表论文的各种规定、影响职称评定的领导在职称评定中的优势、评职称中的人际关系问题，以及身边一些获得高级职称的人职称高、能力低、科研成果少、不能反映真实水平等职称评定过程中长期存在的不公正现象的一种不满。

（三）如何提前规避和防范舆情事件发生

最好的舆情管控还是防患于未然。这要求相关机构一定要形成制度性约束，规范员工的行为举止，特别是要求员工在与外部环境接触时，尤其要注意言谈举止，以减少不必要的矛盾纠纷。这其中最为核心的举措就是要时时刻刻摆正自己的位置，特别是政府部门，一定要提高服务意识，杜绝"官老爷"作风，将政府办事机构是"管理部门""管理者"的观念转变成服务者的观念。

目前，世界上绝大多数国家都是服务型政府，极少有政府机构自诩为管理者。这也是绝大多数国家政府部门的工作人员对老百姓谦恭的根本原因。现在，越来越多的老百姓"纳税人"的意识觉醒，他们有了要求由纳税人养活的公务人员要为纳税人服务的意识。在这种情况下，公务人员再摆官架子就不合时宜了。每年与政府部门有关的舆情事件，很多都与政府部门缺乏服务纳税人的意识，仍然摆出"官老爷"作风有关。

1. 规范本单位员工的行为，特别是涉及对外交往时的行为，避免授人以柄

国内外很多舆情、公关危机事件都与员工的行为有关。比如，某政府机构人员被拍到上班时间玩手机、打游戏；一些地方出现政府或者企事业单位窗口服务的态度较差，对客人恶语相向的事件等。

案例：一位市民借用厕所引发的不满

一位市民想借用某政府机关的厕所，门口保安不让进。在视频中，这位市民告诉这个政府机关的保安和工作人员，你们是拿着纳税人的钱，怎么纳税人就不能在政府机关上厕所？

如果政府机关秉持着服务百姓的姿态，为百姓到政府机关办事提供尽可能的便利，而不是摆架子耍威风，这样的政府机关，很难出现引起市民不满的舆情事件。之所以会发生前述事件，关键还是工作人员的"官本位"意识太重，没有一颗尽力为老百姓办事的心，更不要说对老百姓的尊重了。

2. 加强制度约束，对外统一发布信息出口

目前，世界各国的政府部门、企业、社会团体等，普遍都建立了新闻发言人制度，从而有效避免了一个机构有多个发声出口的现象，减少了负面新闻发生的概率，也减少了"说错话"的概率。作为一名优秀的新闻发言人，重点不仅仅在于其经验是否丰富，更多地在于其是否机智、是否吃透了所在机构的基本概况、规章制度、行为规范和重要内容的对外口径。在新闻发言人的职业素养中，其中排在第一位的还是机智。对外发布信息，尤其是开新闻发布会，自然要面对各媒体记者提出的各种各样的问题。而一个机智的新闻发言人，能够随机应变，化解矛盾，转移焦点，化被动为主动。

以往，由于权力划分不清，可能多个部门都有权管理同一件事，办一件很小的事甚至需要跑多个部门。与此相应，政出多门的现象也经常发生。但随着中央政府服务意识的增强，国务院持续进行机构改革，对于管理职权进行归类合并，集中事权，废止了数百个行政执法文件，有效地提高了政府工作效率，使老百姓办事越来越简单方便了。其中，"你妈是你妈""你爸是你爸"这样的证明被废止受到了广泛好评。同样，随着政府机构改革的不断推进，各部门也逐渐统一了发声窗口。同一件事，由尽量少的部门进行管理；同样的问题，由同一个部门发布政令。这样，也有效避免了不同部门间互相争权、互相打架的现象。其更大的意义在于，一个口径发声，不仅更加专业、更有效率，也能更好地避免说错话。尤其是由训练有素的新闻发言人来应对外部问题，效果会更加明显。

3. 提高个人修养，加强情绪管控

在现实生活中，几乎每天都有这样的情况被传上网络：交警、民警对老百姓发怒；城管打人；政务大厅办事人员怒怼办事群众……本来发生的是一件小事，但由于双方情绪激动，结果谁也不让谁，发生了争吵，最后甚至大打出手。这类事件的多发地是政务服务窗口。这类事之所以会发生，根本原因还是行政部门的权力意识在作祟，是公务人员将自己定位为"管理者"而不是"服务者"，没有树立起良好的服务意识。日常生活中常见的"门难进，脸难看"现象，也主要是这种意识和观念在作祟。特别是掌握有一定权力的部门，常常是"老虎屁股摸不得"。

网络上关于政府官员对来办事的老百姓要态度、要威风的视频时常出现，尤其是关于城管、路政和民警在执法过程中不规范行为的曝光视频，其中很多也是执法人员在老百姓面前不注意控制情绪、语气强硬，动不动就训斥老百姓；有的则是因为受到老百姓的批评而发火甚至动手，结果被老百姓拍下来传到了网上。

提高情绪管控能力，是政府部门和其他组织机构的工作人员在处理对外关系时的基本要求，尤其是面对老百姓时。这方面的问题处理好了，这些舆情就能减少很多甚至完全避免。

4. 摒弃特权意识，杜绝官本位思维

中国社会的官本位思想普遍比较严重。大到省市政府，小到村镇一级的工作人员，不少人都认为自己是政府部门的干部，跟老百姓有区别。所以，难免会出现"门难进，脸难看"，动不动就要威风要态度，训斥老百姓，甚至有对老百姓"上手段"等现象。

案例1：某地公安分局民警与上访群众的纠纷

2019年，网络上出现一条疑似某地群众因经济损失集体找到公安分局的视频。在公安局附近，一位民警正在和一名上访的老年群众对话。以下是视频中显示的事件过程。

分局民警："我刚才跟你们说得很清楚。我告诉你们啊，我是东城分局的，这是第一个。第二个，这个地方是东城分局，不是你们反映问题的地方。反映问题的地方有经侦。"

老年群众："反映问题的地方不管用啊。去了多少遍了。"

分局民警："先听我说。"

老年群众："听你说没用啊。你说的是废话。去了多少遍了。"

分局民警："你说谁废话呢？"

这个民警边说边抓住老人的衣领。

老年群众："你干吗呀？说了多少遍了。"

分局民警："你说谁废话呢？"

这个民警薅着老人的衣领推搡老人，引起群众不满。

老年群众："你什么意思啊？你干吗呀？"

随即，几个便衣把另一个声援的群众按倒在地，将其和老人一起带走了。

 点 评

特权意识不能冒犯？

从视频中看，上访的群众不少，而且明显是带着情绪的。这位民警让群众到经侦去反映情况。老年群众一句"反映问题的地方不管用啊。去了多少遍了"就冒犯了这名年龄三四十岁的民警，随即就被抓走了。

群众出现财产损失，本来就很糟心了。面对这种情况，稳妥的做法不是激化矛盾，而是尽量安抚群众情绪。但这名民警采取的行动不是解决问题，或者帮助老百姓到应该去的地方反映问题，而是仅仅因为一句冒犯他的话，他就和几个便衣动手把群众抓起来。这样做的后果，不仅不利于问题的解决，反而会激化矛盾。从根本上讲，这一行为所反映的是民警的特权思想。近年来，类似的民警耍态度的事件频频被群众曝光。

群众找到政府部门，无论是行政管理部门，还是执法部门，既然找上门来，就是想谋求同情和支持，是本着解决问题的目的来的。但民警这样处理纠纷和群体性事件，往往会激起群众的反感。在这件事中，群众仅仅是带着情绪说了几句话，就被民警强行带走了。这位民警的特权意识表现得可谓淋漓尽致。

近年来，随着互联网的普及，越来越多的公众通过互联网进行事件曝光，导致舆情频发。所以，虽然执法人员在执行公务过程中一再发生不应有的恶劣事件，但老百姓借助社交媒体发布事发现场的视频、照片变得容易多了，并且，在公众转发、评论的过程中，能迅速形成舆情，这在一定程度上约束了执法人员的行为。

作为执法部门的工作人员，态度恶劣本不应该，知法犯法就更不应该了。作为直接对外、服务老百姓的部门的工作人员，更应该时刻约束自己的言谈举止。公安部允许公众拍摄警察执法视频，将警察执行公务行为暴露在阳光之下。这一引入全民监督的举措，得到了公民的普遍点赞与好评，在一定程度上约束了警察的不规范执法行为，使警察行为更加文明规范。这一主动应对舆情的措施，起到了积极的作用。

案例2：郑州：办事处厕所不让居民用

2009年4月24日，在河南省郑州市，因"方便"问题，家住中州煤矿机械厂家属院的孙女士和郑州市某街道办事处的工作人员吵了一架。孙女士称，多名民警还与她发生肢体冲突。事情的经过是，上午9时，她到某街道办事处的厕所去"方便"。进门时，门卫告诉她，办事处有规定，以后居民不能再来这里"方便"了。"方便"完，她问门卫，为什么不让来此"方便"？门卫说，这是办事处领导的规定。因为小区附近没有公厕，她感觉这规定不合适，就与门卫理论了几句。孙女士说，正在理论时，某公安分局刑侦二中队（该中队和某街道办事处在一个院里办公）的一名民警过来，说大声喧哗什么，不要在这里扰乱公共秩序。她不认同该民警的说法，就和他吵了几句。该民警掐住她的脖子，随后又有3名民警上来架着她的胳膊，把她拖往20多米外的一间小屋子。20多分钟后，刑侦二中队一名姓孙的负责人过来发话才让她走。

案例3：夏天，派出所办事大厅内冷热有别

2018年8月9日，《大河报》报道了这样一件事：市民去郑州市公安局经开分局某派出所办事大厅办事时，大厅内"冷热有别"，工作人员在玻璃窗口内吹着空调，但排队的办事群众却在大厅内冒热汗。因为大厅内等候办事的区域没有装空调。

2018年8月8日上午，《大河报》记者来到郑州市公安局经开分

局某派出所的办事大厅暗访时发现，在办事大厅待了10分钟后，记者就开始冒汗。而工作人员所在的区域，有一个立柜式空调正常开着。记者走近办事窗口，能感觉到从窗口内散发出来的凉气。但办事大厅的排队等候区域却很闷热。一名中年妇女问值班人员有没有卫生间。值班人员说，一楼没有卫生间。中年妇女又问："二楼有没有？"值班人员告诉她，二楼是办公区域，不能上去。

 点 评

把服务角色变成权力

这两件事之所以发生，本质上还是官本位和特权意识在作祟。笔者在百度上搜索"不让市民上卫生间"，竟然有两千多万条目。这样做的结果，是将政府部门、公务人员摆在了凌驾于老百姓之上的位置。公务人员与群众本该是服务与被服务的关系，却变成了管理与被管理的关系。这与国家所倡导的服务型政府的要求明显背离，也是此类舆情事件时常发生的重要原因。

2021年10月16日，沈阳有市民到社保事业服务中心办事，因天气寒冷，希望提前进入中心避寒，竟遭到保安训斥并被强行推出。相关视频传到网上后，迅速引发舆情。这与李準的小说《黄河东流去》中的一个情节很相似：一个从黄泛区逃难的老百姓逃荒到了上海，在一户市民家的屋檐下避雨，却被市民赶走。老百姓到政府部门办事，希望进门避一避寒，这对政府部门来说本是顺水推舟的事。但保安却如此处理。说到底是保安没有将自己的位置摆正，也缺少同情心，但其所危害的却是政府的声誉。

近年来，各地都设立了政务大厅，很多地方的政府部门采取了一站式服务模式，就是为了让老百姓少跑腿，办事时跑一次就能办好。这本是政府服务的一个亮点，却因为这么一件小事，严重破坏了本应受到老百姓赞誉的政府形象。

随着互联网发声越来越普遍，一些地方政府开始重视这类舆情事件，并着手改善居民如厕问题。云南玉溪、河南平顶山、内蒙古自治区呼和浩特等地相继加大投入，解决市民外出如厕难问题。其中，平顶山、呼和浩特大街上每隔几百米就建有一个公厕。

5. 提高执法者知识素养，办事不仅合法还要合情合理

近年来，司法判决案件成为网络舆情较为多发的领域。原因之一是一些案件的判决与公众认知相左。有些判决不仅在适用的法律法规问题上受到质疑，而且公众从常理上也无法接受。有的甚至还挑战人们的"三观"、挑战公众正常的价值判断和基本常识。

2016年10月12日晚，在天津市河北区李公祠大街海河亲水平台附近摆设射击摊位进行营利活动的老太太赵某华及其他13位商贩，被河北区某派出所的民警带走了。经天津市公安局物证鉴定中心鉴定，赵某华摊位上的9支枪形物，其中有6支被鉴定为能正常发射、以压缩气体为动力的枪支。2016年12月27日，天津河北区人民法院一审以非法持有枪支罪，判处赵某华有期徒刑三年六个月。2017年1月26日上午，天津市第一中级人民法院公开开庭审理了赵某华"非法持有枪支"上诉一案，并依法当庭宣判。法院以"非法持有枪支罪"判处上诉人赵某华有期徒刑三年，缓刑三年。

此案是继四川小伙刘某蔚网购仿真枪被判无期案后的第二起"仿真枪变真枪案"。这两个案子的宣判都引起了轩然大波。其中争议最大的是司法机构对枪支的认定标准问题。公众认为，对涉案枪支的鉴定标准"违反科学认知和生

活常理"。赵某华的代理律师徐昕在接受《中国青年报》中青在线记者采访时说，他认为这一判决算不上错案，但并不认可"将玩具枪或仿真枪完全等同于真枪定罪量刑"的判决，认为"原判决违背常识、常情、常理"。

与此类似，恒压阀的研发者获刑10年案同样也引起了极大的争议。

浙江台州男子卢某是一名经营五金配件生产加工的个体户。2016年，他自主研发了一种"自动恒压式减压阀"投入生产，并获得国家知识产权局授予的国家专利证书。

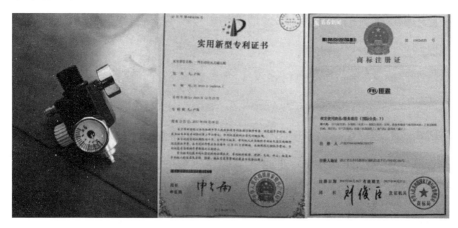

图片来源：澎湃新闻

2017年6月，他还为这款产品注册了商标。2018年8月，在台州家中的卢某被平顶山市公安局某分局的民警带走。2019年4月，平顶山市卫东区人民检察院以"涉嫌非法制造、买卖枪支罪"对卢某提起公诉。2020年11月26日，卫东区法院一审作出判决，认定卢某构成"非法制造、买卖枪支罪"，判处卢某有期徒刑十年。

该事件一经报道，就在网上引起了轩然大波，大多数网友都说当事人很冤，制造一个恒压阀怎么就构成犯罪了呢？

事情的起因是，2018年4月，河南省南阳市平顶山市公安局（以下称平顶山警方）在吉林省白山市核查一起非法买卖枪支弹药案件时，在该案嫌疑人家中查获了百余箱枪支配件及销售资料。此后，警方顺藤摸瓜，找到了销售部分配件的上家石某鹤。石某鹤到案后向警方交代，他在网上售卖的恒压阀是从卢某处购得的，自己从中间赚取差价，获利5万元左右。

2018年8月，卢某被平顶山警方带走，次年4月被提起公诉。2020年11月26日，河南省平顶山市卫东区人民法院一审作出判决，认定在卢某家中查获的775只恒压阀均属于枪支散件，而他在明知其制造、销售的恒压阀具备组装枪支功能的情况下，仍然利用网络向他人销售，构成非法制造、买卖枪支罪。卢某不服判决，提出上诉。

网友评论说，此案之所以会引起巨大争议，焦点就在于：该恒压阀是否具有枪支散件的专用性。据称，类似款型的恒压阀至今都可以在某宝、某东网上任意购买，可应用于水产养殖、矿山设备、潜水设备等民用领域，并不具有枪支散件的专用性。如果真是这样，那生产恒压阀本身并不构成犯罪。因为一般人很容易理解这个逻辑：菜刀是用来切菜的，有人非要拿菜刀来杀人，这与生产菜刀的厂家没关系。

网友的评论也带着明显的倾向性。有网友评论说，"河南省平顶山市某公安分局不远千里"抓捕卢某，而查获的恒压阀本来是被普遍使用的工业生产用品，却被认定为枪支散件。且认定的理由也不被网民认可：因为这款恒压阀与某款气枪的部件能够互换，所以就被认定为枪支部件。但恒压阀并不在2014年《公安部关于枪支主要零部件管理有关问题的批复》附件"枪支主要零件及性能特征明细表"所列的部件中；2016年公安部物证鉴定中心制定的《枪支散件的检验方法》（IFSC 08-02-03-2016）也明确规定，疑似枪支散件一般应与枪支密切相关，不包括民用市场上可合法任意购买且未经过改造的机械或者电子产品；2019年新修订的《公安机关涉案枪支弹药性能鉴定工作规定》中新增的原则，也强调枪支散件是指"专门用于组成枪支的主要零部件"。普遍使用的工业部件，仅仅因为能够跟气枪部件互换，就被认定为枪支部件，于法，不符合公安部相关规定；于理，不符合公众的正常认知，故难以服众。有网友戏称，这件事践踏常识、侮辱智商。有网友说，按照这个逻辑，生产钢管、螺丝的钢厂厂长该瑟瑟发抖了，生产铜、生产铅的也跑不了。有网友甚至提醒用煤气罐的，赶紧改烧蜂窝煤；做木工活儿的木工师傅所用的射钉枪、气钉枪也赶紧上缴，争取从宽处理。还有的评论说，气枪发射靠的是空气呀，不能细想……网民这样的评论也说明，司法部门抓捕卢某和判决认定其有罪的依据和逻辑并不严密。

2021 年 6 月 8 日，平顶山中级人民法院出具二审裁定书，认为原判决认定事实不清，证据不足，撤销原判，发回重新审判。

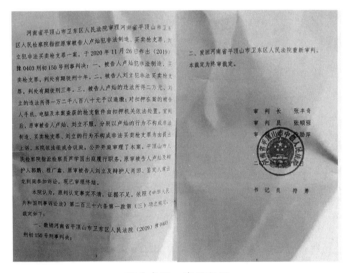

图片来源：澎湃新闻

近年来这样的事层出不穷——上述网民们的调侃竟然真的变为现实。

湖北省十堰市男子龚某美于 2016 年 8 月在房县开了一家养殖场。为了方便在装修期间干木工活儿，他在网上购买了两把射钉枪。2018 年 9 月 19 日，湖北省房县人民法院以"非法持有枪支罪"判处龚某美管制一年一个月。

曾被《绍兴晚报》誉为"绍兴最美交警"的浙江省绍兴市袍江公安分局交警大队办案中队前中队长钱某强，因经常参加省市射击比赛，于2013年底从一深圳水客处购仿真枪练手，2014年8月，绍兴市海关缉私局找上门来。经调查，发现其所持有的"枪支"不属于走私武器弹药，便于2015年4月将此案件移交给绍兴市公安局。之后，公安局只做了一次"询问笔录"而非"讯问笔录"，且从此没了下文。为了不给警队带来影响，2015年9月15日，钱某强提交了辞职报告。

2018年9月，江西青年姜某平因生产销售由自己设计的塑料通厕器握把，被安徽省阜阳市中级人民法院以"非法制造、买卖、邮寄枪支罪"，一审判处有期徒刑十三年。另外四名被告人也分别获刑三至五年不等。

图片来源：澎湃新闻

2012年，李某龙通过互联网从国外购买了一个枪支形状的钥匙扣挂件，并从2013年开始，委托生意伙伴许某华以买来的钥匙扣为原型复制生产。2018年7月31日，李某龙从福建家中被辽宁省鞍山市警方带走。家属收到的拘留通知书显示，他因涉嫌非法买卖枪支罪，被辽宁省鞍山市公安局某公安分局刑事拘留，罪名为"涉嫌非法买卖枪支"。这一案件曾在 2018 年引发过一轮对枪支鉴定标准的争论。2019 年 4 月 3 日，鞍山市人民检察院以"非法制造、买卖、邮寄枪支"等罪名，对李某龙等人提起公诉。经过一年多的审查，2020 年 12 月 15 日，该案在鞍山市中级人民法院进行公开庭审。2021 年 6 月 4 日，备受社会关注的"枪形钥匙扣"案在鞍山市中级人民法院一审宣判。根据刑事判决书，最终 3 名主犯被判处有期徒刑三到四年不等。另外 12 名被告未造成严重社会危害及后果，犯罪情节轻微，均可依法免予刑事处罚。

图片来源：澎湃新闻

 点　评

司法鉴定标准与公众认知的距离

这些案件之所以引起公众的极大争议，并演变成舆情，有的是因为相关司法鉴定标准不符合公众的认知常识，有的是不合情理。

卢某在上诉状中写道，作为研发者，他对自己生产销售的产品特性有着基本的了解，但无法控制层层销售之后最终被他人做何用途，"菜刀不仅可以用于切菜，还可以拿来行凶；汽油不仅能用来加油，也可以拿来纵火。难道卖菜刀和开加油站的也都有罪吗？"这样的理由，老百姓一看就明白。这也是司法机构认定卢某有罪不合逻辑的地方。

但是，有些案件之所以会发生并引发舆情关注，与公安机关、检察院、法院相关办案人员的办案水平也有着不可分割的关系。提高依法办事、依法办案的水平，是避免舆情发生的根本手段。同时，这也反映出某些相关法律法规存在不科学、不合情理的地方，亟须修订。

案 例 来 源

① 中国法院网.十年前彭宇案的真相是什么？.（2017-06-14）https://www.chinacourt.org/article/detail/2017/06/id/2895462.shtml.

② 法制日报.十年前彭宇案的真相是什么？.（2017-06-15）http://opinion.people.com.cn/n1/2017/0615/c1003-29340731.html.

③ 最高人民法院.（2017-06-15）https://www.weibo.com/3908755088/F7TWtpb3w? type=comment#_rnd1623642057517.

④ 光明日报.彭宇真撞了人.（2012-01-17）https://epaper.gmw.cn/gmrb/html/2012-01/17/nw.D110000gmrb_20120117_1-10.htm.

⑤ 南方周末.刺死辱母者.（2017-03-23）https://www.infzm.com/contents/123659/.

⑥ 新闻直播间.于欢案背后黑社会性质案一审宣判.（2018-05-11）http://tv.cctv.com/2018/05/11/VIDEnDFzXNNwThuyxRyzS19V180511.shtml.

⑦ 经济观察网.山东高唐县3位市民网上议政遭刑拘.（2007-12-20）http://www.eeo.com.cn/2007/1220/89616.shtml.

⑧ 新京报．网上"议政"遭刑拘．（2007-12-21）http://news.sina.com.cn/c/2007-12-21/020513116716s.shtml.

⑨ 猛犸新闻．骂社区书记"草包"被拘女子：警方上门通报，追责十余民警．（2021-0-29）https://www.thepaper.cn/newsDetail_forward_12895689.

⑩ 央视网．江苏南通通报"卖甘蔗老人被粗暴对待"事件：镇长等多人被处分．（2021-12-08）https://news.cctv.com/2021/12/08/ARTIN6bCNyLnApFm1ABicAck211208.shtml.

⑪ 21世纪经济报道．离奇！百万银行存款5年后变1元 背后竟然是一桩刑事大案．（2021-07-10）https://www.163.com/news/article/GEHI1MSE0001899O.html.

⑫ 澎湃新闻．深观察 | 存百万变1元、还被刑拘：银行算诬告陷害罪吗？．（2021-07-11）https://www.sohu.com/a/476787572_260616.

⑬ 央视网转自大河网．郑州办事处厕所不让居民用 民警拖伤入厕女．（2009-04-27）http://news.cctv.com/law/20090427/110105.shtml.

⑭ 华西都市报．大妈摆射击摊获刑 律师：有3个理由认为她无罪．（2017-01-04）https://news.qq.com/a/20170104/019142.htm.

⑮ 财新网．恒压阀被指为枪支散件 研发者一审获刑十年后将重审．（2021-06-22）https://china.caixin.com/2021-06-22/101729899.html.

⑯ 澎湃新闻网．男子研发恒压阀被认定为枪支散件获刑十年，二审裁定发回重审．（2021-06-21）https://www.163.com/dy/article/GD1LDO970514R9P4.html.

⑰ 澎湃新闻网．"最美交警"买仿真枪练射击被查：没人提醒我不能玩．（2017-01-05）http://toutiao.chinaso.com/js/detail/20170105/10002000329757414835992110879828894_1.html.

⑱ 新京报.通厕器握把被定枪支散件 案件将重审.（2019-04-13）https://baijiahao.baidu.com/s? id=1630634279771803131&wfr=spider&for=pc.

⑲ 新京报.售卖"枪形钥匙扣"案开庭，枪支鉴定标准再惹争议.（2020-12-26）https://news.china.com/social/1007/20201226/39115468.html.

三、一旦发生舆情，应该如何应对

　　绝大多数机构都不希望发生舆情或者其他危机公关事件。为什么说绝大多数机构而不是所有机构呢？因为有的机构会出于扩大影响力、谋取商业利益等需要，故意制造舆情事件。比如，我们已经习以为常的某明星的花边新闻，有时是为了给即将上线的电影做宣传。有的互联网公司甚至乐意通过报道其负面新闻而扩大其在公众中的影响力。类似的操作，大多会在达到目的后，由相关机构事后进行"辟谣"。但绝大部分机构并不愿意出现舆情。那么，一旦发生了舆情，又该怎么办呢？

　　面对各种舆情和危机公关事件，成熟的机构往往会把坏事变成好事。退而求其次，至少会及时采取应对措施，及时止损，不会让舆情、危机进一步发酵和蔓延。而缺少危机意识的机构或自以为强势的机构，则常常会弄巧成拙，使原本简单的事件复杂化，进而演变成舆情，变成公共危机事件。这样的案例几乎每个月都会发生。一些政府部门和企事业单位的"骚操作"，让舆情一幕幕上演。下面从正反两方面进行论述。

　　中国正处于社会转型期，不同利益群体的诉求日趋多元化，社会矛盾日趋尖锐，网络舆论中，参与的群体、参与的原因和参与的方式也日趋复杂。比如，一些偏激的言论日渐突出。随着网络走进千家万户，相较于以往传统媒体"和风细雨"式的舆论监督，高度开放、互动、参与感极强的网络舆论形成了"疾风骤雨"式的监督。越来越多公众表达诉求的方式也从找政府变为上网发声，使上网举报等新的诉求方式越来越成为主流。这也是网络舆情日益频发的原因之一。

网络舆情考验着各级政府部门和各种社会机构应对舆论的能力，网络舆论的压力也越来越大。微博的草根性，令部分腐败分子胆战心惊。由此也出现了网络反腐现象，并成为公众反腐的有效手段之一。其中影响较大的是 2012 年 12 月 6 日，时任《财经》杂志副主编罗昌平通过微博实名举报时任国家发展改革委副主任、国家能源局局长刘铁男涉嫌伪造学历、与商人结成官商同盟等问题。罗昌平实名举报刘铁男事件成为微博反腐的一个标志性事件。

网络舆论爆发时，一些新闻媒体在利益驱动下或基于眼球效应会进行跟进报道，从而对网络舆论起到推波助澜的作用。在这个众声喧哗的时代，提高各级政府部门、企事业单位及其干部同媒体和网民打交道的能力，正确引导舆论导向、掌握网络舆情引导的心理机制，采取行之有效的舆情处置措施，显得尤为重要。

那么，一旦发生舆情，应该如何应对呢？

（一）及时采取应对措施，及时止损，避免舆情和公共危机事件蔓延

1. 第一时间原则

应对舆情的第一原则，是把握最佳时机，及时进行处置。

一旦出现舆情和公关危机事件，最好的应对措施是及时介入，争取在第一时间化解危机或者及时控制事态。这是处置危机的最佳时间，也是迅速降低舆

情温度、避免事态进一步蔓延恶化的最快方式。

危机公关最忌讳的就是侥幸心理、鸵鸟政策、推卸责任、隐瞒事实。

很多机构在面对危机事件时，常常走两个极端：一是阻挠记者采访；二是采取躲避的方式。前者是激化矛盾、挑战公众认知，属于下下策，在后面的章节中我们会专门进行讨论分析；后者虽然比直接与媒体冲突要好，但同样不利于及时管控舆情和化解危机。多数机构采取后者的理由是，不跟着节奏走，避免成为舆论的焦点，认为时间可以冲淡一切，待大众的情绪慢慢平静下来，再站出来澄清事实。这样做固然比前者可取，能够避免把负面事件弄得满城风雨，但有时不但不能减轻舆论压力，还会出现副作用——使大众对涉事机构产生怀疑，产生不信任感。

面对舆情事件，恰当的做法是：涉事机构及时将对自己机构有利的信息快速传播出去，以吸引公众眼球，进而引导舆论焦点向有利于自己的一方转移。这其中，把握第一时间原则对引导舆论走向极为关键。如果错过了第一时间，往往要花费更多的精力去做解释、说明和后续的补救工作。

正确的策略是，在第一时间站出来，用真诚的态度表明机构对危机事件的立场和观点，从而有效地减少甚至平息公众的不满情绪，从而在来自各方的、纷纷杂杂的声音中，避免一些为了吸引粉丝、恶意蹭流量的自媒体的主观臆断、煽风点火。同时，还能够有效避免一些竞争对手或曾经得罪过的机构、个人趁机进行恶意中伤和抹黑。

一旦形成舆情，公众得到的大部分是负面的信息。如果错过了第一时间，没有及时采取应对措施进行补救，这种负面的观感往往很难消除。其中的主要问题，首先是涉事方针对问题的态度先失分；其次是针对所曝光问题的应对滞后。即使有部分报道失实，机构也错过了最佳的辩解、更正和纠错的机会。即使后来经过艰辛努力，改变了其在公众心中的负面形象，也要付出巨大的代价。

达芬奇家具被曝光涉嫌造假事件就是一个典型的案例。

案例：达芬奇家具涉嫌造假事件

达芬奇家具曾经是国内高端家具品牌之一，以价格昂贵著称。一张单人床能卖到10多万元，一套沙发能卖到30多万元。对如此天价的家具，达芬奇销售人员说，这是因为他们所售的家具是100%意大利生产的"国际超级品牌"，使用的原料是没有污染的"天然的高品质原料"。2011年7月10日，央视《每周质量报告》播出《达芬奇天价家具"洋品牌"身份被指造假》。记者暗访了达芬奇家具在东莞的生产厂，称达芬奇公司销售的这些天价家具，并不像它们宣传的那样是100%意大利生产的，而是厂家在东莞生产后用船运到欧洲，再从欧洲转运回国内，以此假冒是欧洲品牌。

央视记者也曾经联系广东的质量监督管理部门，但没有下文，于是转而联系了上海相关部门。

2011年7月10日，上海市工商部门介入调查并发布公告称，初步发现并认定达芬奇家具公司主要有三大问题。一是涉嫌虚假宣传。达芬奇公司在宣传时使用了诸如"最大""顶级品牌""最高"等绝对用语。二是部分家具产品被判定不合格。三是大部分家具产品标志不规范，没有标明出产地和材质，按照国家相关规定，产品应该标明具体使用的材质。

接着，上海市工商行政管理局封存达芬奇仓库。在抽检中发现，"卡布丽缇"两件床头柜"甲醛释放量""抽屉滑道强度"两项指标合格，但"木工要求"及"漆膜耐香烟灼烧"两项指标不合格，故该局综合判定床头柜检测结果为"不合格"。

点 评

坐以待毙，错失避免舆情扩大化的机会

达芬奇家具造假理应受到公众谴责，但如果单纯从危机公关的层面看，达芬奇家具面对媒体曝光的应对确有失策之处。

达芬奇家具厂家并没有在第一时间进行危机公关，没有在第一时间就报道涉及的问题进行及时回应。广东相关部门没有及时查处达芬奇家具的产品，其实给了达芬奇家具应对的机会。但是，达芬奇家具没有趁这个机会积极应对危机。

可行的措施是，如果报道属实，达芬奇家具应该在第一时间站出来承认错误，争取社会和公众的谅解。此时，达芬奇家具承认造假，并积极整改，同时予以补救，比坐等继续被曝光要好得多。

对于达芬奇家具事件，中国家具行业协会时任理事长朱长岭在接受媒体专访时认为，达芬奇事件涉及三个关键问题：一是产品是否为意大利本地生产；二是产品质量究竟有无问题；三是商家没有告知消费者家具的产地，涉嫌欺骗消费者。达芬奇家具如果能针对这三个关键问题正面回应，结局会好得多。当然，造假，哪个国家也不会听之任之。绝大多数国家，对于造假基本都是采取高额罚款措施，以达到足够警示他人的目的。也许这就是达芬奇家具自知理亏，没有采取应对措施的原因之一。

被曝光8天后，2011年7月18日晚，达芬奇家具发布《致消费者的公开道歉信》，称公司已开展内部清查整顿工作，并表示正在积极配合有关部门核实情况，将依照相关法律法规承担责任，绝不推

卸。达芬奇家具在道歉信中称，有关媒体对该公司部分国际品牌家具提出的质疑，主要集中在某些产品产地标注问题、质量问题以及不规范宣传问题。而对于备受关注的退换货及赔偿问题，达芬奇家具在致歉信中并未提及。

2011年7月22日，达芬奇家具再次发布《公开信》，声明如任何产品被中国政府相关部门认定为不合格产品，达芬奇家具和意大利生产厂家都将严格按照中国法律规定和销售合同的约定，向消费者承担换货或退货的法律责任，并接受中国政府相关部门依法作出的行政处罚。由于错过了应对的第一时间，达芬奇家具造假被层层追踪，最终从多方面坐实了造假。

第一时间原则在心理学上的依据，首先体现的就是先入为主。

首因效应

"首因效应"又称"第一印象效应"，也称"首次效应""优先效应"。由美国心理学家洛钦斯首先提出，指交往双方形成的第一次印象对今后交往关系的影响，即"先入为主"的效果。虽然这些第一印象并非总是正确的，但却是鲜明而牢固的，且决定着双方之后交往的进程。

从心理学角度看舆情应对策略，应对方最初的举动给公众的第一印象往往是最深刻的，对公众的价值判断、是非判断会产生潜移默化的影响。掌握了第一时间原则，其实是掌握了对公众心理施加影响的先机。从这个角度看，第一时间原则给舆情处置争取了主动机会。受第一印象的影响，很多人会在头脑中优先形成基本的判断。"定位效应"体现的是先入为主的认知定位。

定位效应

所谓定位效应，就是人们对于已经认定的人或者事物不会轻易改变，其中包括既定的理论、观点或某个逻辑等。

人一旦对陌生的对象形成相关认知，这种印象就会长久地停留在脑海中。通俗地说，就是先入为主。其实背后的逻辑是因为受到了"定位效应"的影响。因而在舆情处置中，争取第一时间采取措施，掌握主动权，就很容易引导公众形成第一印象。一旦公众形成对涉事舆情事件或者当事人有利的第一印象，如果要改变，就需要施加更多的心理干预。这样，第一时间采取应对措施，在舆情处置中就形成了有利于自己的心理定位。这也是当前政府机关、企事业单位往往在舆情事件发生后第一时间进行处置的心理学因素。

印刻效应

定位效应与第一时间原则有共性，就是人们的认知和判断往往是先入为主的。这不仅是人类社会，也是动物界普遍存在的现象。

印刻效应是由奥地利动物学家康拉德·劳伦兹在 20 世纪 30 年代首先发现和描述的。他对灰腿鹅进行了一项实验，把灰腿鹅下的蛋分成两组孵化。第一组由母鹅孵化，孵出的雏鹅最先看到的活物是它们的母亲，于是母亲走到哪儿，它们就跟到哪儿。第二组鹅蛋放在人工孵化器里，雏鹅出世后最先看到劳伦兹本人。于是劳伦兹走到哪儿，小鹅跟到哪儿，小鹅把劳伦兹当作"妈妈"了。随后，劳伦兹把两群小鹅放在一起，扣在一只箱子下面，让母鹅在不远处看着。当劳伦兹把箱子提起时，受惊吓的小鹅朝两个方向跑去：记住母亲的那些小鹅朝母鹅跑去，记住劳伦兹的朝劳伦兹跑来。

第一时间原则、定位效应与印刻效应都从科学角度说明，及时采取措施、及时应对对舆情的走向多么重要！

2. 及时止损原则

在第一时间采取补救措施，及时止损，是迅速化解危机、减少舆情事件蔓延可能带来的负面效应扩大化的有效手段。因为舆情传播遵循了"好事不出门，坏事传千里"的传播规律。如果不及时止损，会让舆情进一步发酵，继而还有可能产生波及效应。

2021 年，河北省石家庄市新钟楼超市诬陷一个几岁的小孩儿偷东西，后来家长从家里拿来在其他地方购买该产品的发票。此外，这家超市也并不卖这种产品。明明是实锤的诬陷，但超市负责人居然拒绝道歉，从而导致有关一家不知名的超市的舆情迅速传遍全国。这家超市的行为也激起了附近居民的义愤，一些居民拒绝到这家超市买东西，导致超市出现了门可罗雀的现象。后来，虽然超市方在舆论的压力下向小孩儿及其家长道歉了，但道歉的人是一位收银员，当初态度强硬的经理却没有露面，也没有任何其他负责人出面道歉。这种缺乏诚意的道歉，效果适得其反。由于没有及时止损，关门歇业成了其注定的命运。

上述案例中的道歉缺乏诚意，但道歉总比不道歉要好得多。

3. 提防跟着感觉走的心态

在网络传播行为中，相当一部分人会跟着感觉走，选择那些更容易"刺激"人们情感和情绪的信息进行转发，而那些更为完整、理性、严谨的信息，往往在网络的众声喧哗中被淹没了。尤其是在事件刚刚发生的极短时间内，公众特别是粉丝会跟着自己崇拜的明星、大 V 或其他意见领袖的观点走。

如何处置已经出现的舆情和公关危机事件，关键是看权力部门和企事业单位怎么看待手中的权力和自身相对强势的地位。权力部门如果抱着官本位态度，大多会采取强硬措施。而如果把自己放在服务型政府的位置上，则会自觉主动地与群众进行协商沟通，想方设法解决群众诉求、缓解群众情绪，让事态尽快平息。即使因故无法解决问题，也会耐心地引导群众走法律途径，避免群众走极端。作为企业，能否迅速、妥善地处置舆情和公关危机事件，往往与企业的经营业绩密切相关。

无论哪种舆情，哪怕是群体事件，有效的处置做法还是积极沟通。即使自身无法妥协，也不能刺激群众情绪。采取任何强硬措施，都会有后遗症。近年来，各地发生的一些群体事件，其中不无相关部门在事件发酵伊始处置不当的影子。对待舆情和公关危机事件，任何强硬措施都会激发公众同情弱者的心理，都会如刀子一样，越硬越容易折断。而对于那些蛮横无理的故意挑衅或违法犯罪行为，则必须采取果断的强硬措施。这样的处置，不仅不会引起群众反感，反而会获得公众的同情和支持。但如何把握这个度，关键还在于看待和行使手中权力的方式。从时间上讲，对于舆情和公关危机事件，越早处置，越有助于危机的化解。相反，拖拖拉拉，遮遮掩掩，则极有可能使问题升级发酵。

（二）建立舆情和危机公关制度，但不能公器私用

目前，国内的很多政府和企事业机构都建立了新闻发言人制度，成立了专门进行舆情监控的部门，以便一旦出现舆情，能迅速采取行动。但仅仅有了机构和人员，并不意味着就一定能妥善应对舆情。只有进行制度建设，理顺舆情处置流程，规范工作程序，完善工作措施，促进有效处置，不断提升舆情处置水平，才能在发生舆情时不慌不乱，妥善、及时、有序地进行危机公关。

舆情应对是一门科学，出现舆情，不是靠领导拍脑门儿或仅仅靠关系、靠人情就能化解的。特别是在当今互联网高度发达的时代，"人人都能当记者"，仅仅靠疏通几家媒体已经很难化解舆情了。比如，2021年的焦作女教师因职称评定打官司事件，当地教育主管部门、学校、法院、纪委等众多机构的所作所为全都暴露在阳光之下。其中涉嫌有组织诋毁涉事教师的事实，也被网民搬到了前台。在这种情况下，任何组织和机构想要通过"摆平"几家媒体来妥善化解舆情所带来的危机是不可能的了。

正确的做法是：建立针对舆情的操作规定、操作措施，规范操作步骤，确定具体执行部门，同时规定本单位什么部门、什么人可以行使舆情处置权及权限范围，规定什么人负责代表机构对外发声，明确并细化舆情处置不当的责任

追究标准。只有这样，才能避免出现舆情时或者慌作一团，或者政出多门、声出多门的混乱状态。

作为一个机构，在危机公关时，必须保持足够的冷静。而对于机构内部的员工来说，面对领导被举报、"被网络爆料"等情况时很难不为所动，他们也有"辟谣"或者解读的心理欲望，也有可能会收到来自上级的指示或暗示要求其说假话或者作伪证等。这就需要在制度上加以解决，建立起危机处理的制度，确保任何人都能在制度的规范范围内处理危机事件。这样就能有效避免下级在面对上级指示时，出现想拒绝又不好拒绝的尴尬境地，也避免了因迅速给领导"辟谣"而事后领导"翻车"的尴尬。这样的尴尬，不仅是单位的丑闻，也是新闻发言人自己的丑闻。即便领导要求如此，你也不可能在公众面前澄清这是自己的无奈之举。

对于政府部门的领导是否"清白"，中国共产党的各级纪律检查委员会、国家监察委员会及其领导的地方各级监察委员会有权立案查处。国家监察委员会对全国人民代表大会及其常务委员会负责，并接受其监督；地方各级监察委员会对本级人民代表大会及其常务委员会和上一级监察委员会负责，并接受其监督。如果掌握了确凿的违法犯罪证据，则由监察委员会移送司法机构（以前由纪委移送司法机构）处理。对于是否违法犯罪、是否立案、是否查实，只有司法机构和监察委员会才有发言权。

因此，要建立起舆情和危机公关制度，靠制度处理舆情和危机事件，而不是听命于某个领导。

案例 1：程维高事件

1995 年夏，石家庄市建委干部郭某允写信向中央及河北省人民检察院反映程维高的问题。在信中，他直接反映程维高的问题有三点：一是南京二建为程维高装修住房，有特殊关系，一些工程未经过招投标流程，直接给了南京二建；二是纵容自己身边的亲属和工作人员插手建筑工程牟利；三是程维高一方面处理个别干部住房超标，另一方面在自己住了一层楼的情况下，还扩建了七间房子。

在寄出的举报信中，有一封举报信落到了程维高的手中。程维高召开省委常委会议，表示要动用公安的力量查处这封举报信。从1995年9月开始，郭某允被要求每天到军分区招待所谈话，但郭某允拒绝承认信是自己写的。1995年11月21日，郭某允被石家庄市建委的纪委书记以落实政策为名骗到建委，随即便被带进看守所收审。在看守所，郭某允被搜去了身上的钱物，连裤带也被拿走，走路得提着裤子。据郭某允说，在看守所，他被天天提审，要求交代写举报信的问题，就连发高烧时也不例外。郭某允发烧惧寒，但办案人员在提审中还曾要求他将大衣脱掉。被关进看守所一个多月后，连续发了两次高烧，郭光允觉得"自己快死了"，便承认是自己写了匿名信。

1996年1月，郭某允结束了在看守所的日子，有关部门以"投寄匿名信，诽谤省主要领导"的名义对其劳教两年。但劳教决定书一直没有交给过家属。与此同时，郭某允被开除党籍。

经郭某允老伴多方奔走，郭某允的问题上达中纪委主要领导。在中纪委的干涉下，1996年底，已经被看守和劳教一年零九天的郭某允终于恢复了自由。

2003年1月，程维高卸去了他在河北最后的职位——省人大常委会主任。当天夜里，程维高便匆匆离开了这个他工作了13年、一生仕途走到最高峰的地方，返回了他走上仕途的起点江苏常州。8个月后的2003年8月9日，中央纪律检查委员会宣布开除河北省人大常委会原主任程维高的党籍，并撤销其正省级职级待遇。

点 评

公器私用，打击报复

郭某允因向中央及河北省人民检察院反映程维高的问题而被劳动教养事件，是典型的公器私用。

1993年上半年，河北省经济贸易委员会纪检组在检查河北工业经济投资公司时，发现了总经理张某梦的问题。河北省委原常委、纪检委书记刘某祥与河北省人民检察院沟通，拘捕了张某梦。但检察院却连续三次接到当时省政法委书记的电话，要求放人。程维高又亲自出面干预。最终，张某梦被释放，出走爱尔兰。刘某祥因病被安排退休，离开了工作岗位。当时河北省经贸委一位领导也因此事受到影响。

在整个事件中，处处都有公权力袒护犯罪嫌疑人、干预组织调查和司法调查的影子。干预司法的一般表现是：认权不认法；认局部利益和部门利益，不认全局利益；只顾自己的利益，不顾别人的利益。公权力干预司法会导致一定的恶果。

首先，会严重侵害司法的客观、公平、公正，破坏司法环境，从而影响司法的权威和公信力。而最大的恶果就是导致司法不公，破坏了"法律面前人人平等"的最基本原则，使人民群众有冤无处申。

古希腊哲学家亚里士多德认为，"法律应该在任何时候都得到尊重而保持无上的权威"。法律权威性是法律的核心要义。根据我国宪法和法律规定，审判机关、检察机关依法独立、公正行使审判权、检察权，任何机关、组织和个人都不得干预司法机关独立办案。

其次，干预司法有违我国"有法可依、有法必依，执法必严、违法必究"的司法原则，违背了"加强对权力运行的制约和监督，把权力关进制度的笼子里，形成不敢腐的惩戒机制、不能腐的防范机制、不易腐的保障机制"的依法治国理念。

再次，公权力干预司法不仅破坏了健康的法治环境，也直接影响了社会经济生活。

最好的投资环境就是公正、公平、正义的法治环境。这是经济实体敢于投资、敢于扩大投资的法律基础。因为这是企业经济利益、企业财富能否获得保护的法律保障。

最后，公权力干预司法容易累积社会矛盾，影响和谐的社会氛围。严重的，还会为恶性案件的发生埋下隐患。

案例2:《南方周末》特稿《扼杀一个小诗人——一个中学生家庭的教育之困》

媒体乃公器，亲属理应避嫌。

2014 年 3 月 27 日，《南方周末》发表了以朱某妮为采访对象的特稿《扼杀一个小诗人——一个中学生家庭的教育之困》，描述了现行教育体制压迫有文学创作天赋的初中生朱某妮。在文章中，作者详尽描写了家庭环境对朱某妮的正面影响，严厉抨击了学校教育的负面效果，并引用了事件主人公的个人诗作。随后，该文章引发了网络热议。美国《世界日报》全文转载；梁文道在凤凰卫视读书栏目"开卷八分钟"中对朱某妮的诗集《初二七班》作了选读和评介……一时间，"朱某妮现象"在华人世界成为广泛的谈资和媒体评论的话题。2015 年 1 月，朱某妮的小说《初三七班》由东方出版社出版，这个"00 后"女孩再次吸引了舆论的视线。

文章刊发后，有网友指出，朱某妮的父亲是《南方周末》的编辑，整篇文章疑是出于人情、炒作与宣传包装目的而进行的采访报道。

之后，朱某妮的父亲、《南方周末》编辑朱某可发表文章回应质疑。他的观点是，文章的报道意图不是宣传女儿的诗歌，而是用故事来引出社会问题；选题通过了编辑部的集体讨论；报纸可以把员工或家属作为采访对象；同时，也对文章中模糊化处理自己身份所引起的异议表示歉意。

点 评

职场避嫌

这个争议性事件影响不算大，但有一定的普遍性和代表性，因此有探讨的必要性。

作为利益相关者，从业者及其亲属可以作为所在媒体的报道对象吗？

英国报业投诉委员会的《编辑实务守则》中明确规定，"为了避免冲突，员工不可以提供、准备和指导与其亲属、配偶或其他关系密切者有关的新闻内容"。但在我国，国家和行业协会对此尚无明文规定或行业规范，因而在实际操作中，媒体人的家属、朋友甚至媒体人自己成为报道对象的情况屡见不鲜。

《南方周末》发表以朱某妮为采访对象的特稿《扼杀一个小诗人——一个中学生家庭的教育之困》，而朱某妮的父亲恰恰是《南方周末》的编辑。从《南方周末》历年来发表的文章看，这是一个有新闻理想的团队，工作中基本能秉承新闻报道的各项原则。但由于被报道对象与进行报道的媒体《南方周末》的一名编辑存在亲属关系，就难免让公众有更多的联想。无论新闻内容是否真实、客观、公正，其在公众的认知上都会被打折扣。

这个案例会让公众产生"公器私用"的联想。这也提醒媒体，在报道中要尽可能防止"公器私用"。因为一旦被发现所报道对象与媒体存在密切关系，无论是朋友关系、亲属关系还是其他较为密切的关系，都会在一定程度上影响报道的真实性和公信力。因此，这个案例也提醒媒体，在遇到类似情况时，媒体的处理可以更谨慎些。即使进行报道，也尽可能是通过其他媒体，以避免引起公众不必要的联想。至少应当将报道对象与媒体的利益关系清楚标明，把判断的权利交给受众。

（三）不要急于"辟谣"，让子弹飞一会儿

古人云："知之为知之，不知为不知，是知也。"遇到舆情事件，除了要第一时间采取措施、及时止损，还要立即启动危机应对机制，遵循实事求是的原则，先调查清楚事件原委。这既是实事求是的态度，也是机构或个人最基本的道德准则。有的机构在遇到舆情事件时，不是积极介入，启动调查核实程序，而是"及时辟谣"，结果"偷鸡不成蚀把米"，遭遇社会和公众更大的质疑。

"辟谣"的第一准则是有针对性，不仅要"知道什么说什么"，更要"知道什么该说什么不该说"。特别是在遇到舆情或者其他公关危机事件时，除了遵循制度处理，另外一个重要的原则就是不要急于"辟谣"。及时"辟谣"常常会陷机构和辟谣者于尴尬境地。

如果"谣言"有坐实的一天，当初受命为领导"辟谣"的人还能从容淡定

吗？如果领导自身有问题，及时"辟谣"就是自取其辱。

在下面这个案例中，由于相关方没有马上进行"辟谣"，所以才避免了 5 个月之后的被动。

案例 1：朱明国疑似被立案调查传言

2014 年 6 月 2 日，多家港媒报道称，广东省政协主席朱明国近 80 天未公开露面，传其遭立案调查。翌日（6 月 3 日），广东省政协方面利用本地媒体，打出了一套"组合拳"。

2014 年 6 月 4 日的《南方日报》在封面导读中有"朱明国在本报发表署名文章"的标题提示，文章的副题是《发挥广东优势　大力推进 21 世纪海上丝绸之路建设》。

当天晚间，《广州日报》在网上发布"即时消息"：政协第十一届广东省委员会第十四次主席会议 6 月 3 日在广州召开。受在北京学习的省政协主席朱明国的委托，副主席梁伟发主持会议。

此后，网稿中的"在北京学习"被进一步细化为"正在中央党校学习"。

这是三个月时间里，朱明国首次出现在广东本地的媒体报道中。

该稿件后面的署名通讯员，正是广东省政协宣传信息处副处长。

这其实是广东官方的一系列"辟谣"动作。自此，2014 年 5 月底、6 月初以来，朱明国遭遇的被查传闻暂告一段落。

但是，5 个月后的 2014 年 11 月 28 日，朱明国还是"栽"了。

在当天出版的《南方日报》上，朱明国最后一次以"省政协主席"的身份出现在这份广东省委机关报上。

当天 15 时 20 分，中央纪委国家监委宣布：广东省政协主席朱明国涉嫌严重违纪违法，目前正接受组织调查。

点 评

声东击西，避开锋芒

在朱明国是否违法乱纪尚没有水落石出的情况下，朱明国遭立案调查的传言还没有得到证实。广东省政协针对朱明国遭立案调查的传言所采取的策略是既不公开肯定也不公开否定，而是通过当地媒体报道朱明国参加活动来变相辟谣。"受在北京学习的省政协主席朱明国的委托"这句话，暗示了朱明国仍然在正常工作。既没有正面回应朱明国近80天未公开露面，是否遭立案调查的传闻，也没正面回应他是否正常工作。而是通过新闻报道的方式，向公众暗示朱明国的状态，直接显示其还在工作，巧妙地回应了传闻。这是较为稳妥的舆情处置方式。这也是一种高明、巧妙的舆情处理方式，避免了官方及时澄清、及时辟谣，随后涉事人员却接受组织调查的尴尬和被动。可以说，广东方面在朱明国遭立案调查传闻事件中的做法堪称智慧、巧妙，有可取之处。这比顾左右而言他效果更好。

这样，广东省政协既可进又可退，不会因此而陷入可能的尴尬境地。而且，广东省政协不是查处案件的授权发布单位。省政协主席是否在接受调查，是否涉嫌贪污腐败，应该由中纪委或者广东省纪委发布消息。在这种情况下，稳妥的做法就是既不肯定，也不否定。

至于5个月后的消息——广东省政协主席朱明国涉嫌严重违纪违法，正接受组织调查，那是后话。

如何"正确"地辟谣，既是一门技术，也是一门艺术。当领导遇上"谣言",作为下属不能不作为,更不能乱作为。从"辟谣"技术来看,广东省政协6月份的做法不能说不成功:与其多说多错,不如借助媒体的公信力,用署名文章、报道,甚至安排几个镜头等方式,刷出领导的存在感,"谣言"便可不攻自破了。

不过,如果这位领导自身确实有问题,那就算再高明再有智慧的下属,也只能坐看遥遥领先的"谣言"慢慢变成"预言"了。

这个案例充分说明:打铁还要自身硬。如果领导自身没有问题,所谓的"谣言"很快就会不攻自破;如果领导自身问题连连,就算这次侥幸过关,该来的总会来。朱明国如此,刘铁男亦然。

而刘铁男事件,则是一个舆情危机管控的反面案例。

案例 2:时任《财经》杂志副主编罗昌平实名举报刘铁男

2012年12月6日上午,时任《财经》杂志副主编罗昌平连发3条微博,向中纪委实名举报时任国家发改委副主任、国家能源局局长刘铁男涉嫌学历造假、与商人结成官商同盟、与情妇反目等问题。

举报之一:学历造假。官方简历称其为经济学硕士、工学博士,能查到博士论文但无硕士信息,其在日本做经济参赞时经人帮忙获得名古屋市立大学"修士学位",但这是荣誉证书而非学位证书,刘曾请校方加"学位"字样并将"可以评价等同"改为"特殊培养授予学位",被拒。

举报之二:跨国骗贷。刘铁男与商人倪某涛结成官商同盟,其处级妻子郭某华、儿子刘某成在倪某涛的公司持有股份,在境外收购骗贷国内银行。刘某成的3个汇丰银行账户多次收受倪某涛公司巨额汇款。

举报之三:包养情人。刘铁男与情人徐某在日本相识,一个当经济参赞，一个读博士并兼职翻译。刘铁男曾亲自为徐某出函介绍工作。双方因利益关系反目后，女方多次遭受死亡威胁。

该实名举报发出4个小时后，时任国家能源局新闻发言人立即对媒体作出回应，称上述消息纯属诬蔑造谣。该发言人表示，刘铁男本人正在国外访问，已经得知此事。他声称："我们正在联系有关网络管理部门和公安部门，正在报案、报警，将采取正式的法律手段处理此事。"

自2012年12月6日被举报后，刘铁男四次现身公开活动，甚至出现在电视画面中。但几个月后，事态就急转直下。2013年3月18日，刘铁男卸任国家能源局局长。2013年5月12日，中央纪律检查委员会消息称，国家发改委副主任刘铁男涉嫌严重违纪，正接受组织调查。两天后，刘铁男被免职并接受调查。

 点 评

别操之过急，让子弹飞一会儿

罗昌平实名举报刘铁男后仅仅4个小时，国家能源局新闻发言人在接到媒体电话之后，不仅爽快背书，还对记者确认"可以发""快点发"。这是"no zuo no die"（一句网络流行语，中文意译为"不作死就不会死"，意为自己没事找事，自找倒霉）的节奏了。这位新闻发言人的做法过于草率。这样着急"辟谣"，涉事官员没事还好，如果出事了，不出意外的话，发言人自己的仕途也会受到影响。事实上，刘铁男很快就落马了，而当初的危机公关也成了公众的笑柄。

国家能源局迅速给刘铁男辟谣、背书事件，之所以成为舆情危机管控的反面案例，一是没有制度约束；二是在权力的巨大压力之下，国家能源局有关部门、有关人员放弃原则，过于着急辟谣。

媒体负责人罕见地实名举报一位部级领导，如果没有充分的、有部分把握的证据，是不敢这么做的。作为涉事政府部门，正确的做法除了内部请示国家能源局的上级单位国家发改委外，还应该主动与举报人联系核实，然后遵照组织程序，由相关部门启动调查核实程序，待调查结果出来后再回应公众，而不是在实名举报后短短4个小时就迅速辟谣。所以，有一种观点强调"程序正义"，是有科学依据的。在欧美法律体系中，取证的程序如果不合法，取得的证据是不能被采信的。我国在司法实践中也引入了"程序正义"，比如，通过刑讯逼供所取得的证据就不能被法官采信。

如果国家能源局建立了严格的制度，新闻发言人严格按制度办事，对此事件的处置应对就不会如此草率。

国家能源局迅速给时任局长刘铁男辟谣的反面案例，说明了建立新闻发言人制度的必要性、严肃性。

建立新闻发言人制度，不是仅仅设立新闻发言人而已，而是要建立起新闻发布制度，对新闻发言人的权限是什么、谁有权决定是否发布新闻、哪些事件可以发新闻、哪些事件不能发新闻、什么情况下发布新闻、什么情况下不能发布新闻等边界问题进行明确界定。

（四）态度比事实更重要：放低身段，谦虚亲和

在快速阅读、快速传播的新媒体时代，传播力和影响力常常不在于事实和

逻辑的传递，而在于态度和情感的传递。这就是态度传播——态度往往成为决定舆情走向的决定性因素。态度比事件本身的对错更为重要，其中任何一点刺激公众情感的敏感因素都可能激起巨大的舆论浪涛。

俗话说，"伸手不打笑脸人"。软化、低姿态、真诚的态度，往往比强硬声明更有效。态度真诚最直接的效果是能够获得公众的认同感，消除公众的对立情绪。即便机构有错在先，公众也会认为这个机构坦诚、肯接受批评。所以，诚恳道歉的机构往往会在危机事件还没有完全消除时就能获得公众的好感。

前述"表哥"杨达才之所以翻车，原因之一就是他的不真诚激怒了网友，网友随之将他佩戴过的手表逐一曝光。

案例 1："我爸是李刚"事件

2010 年 10 月 16 晚 21 时 40 分许，一辆牌照为"冀 FWEXXX"的黑色大众迈腾轿车在河北大学新区超市前将两名女生撞出数米远。肇事司机不但没有停车，反而继续去校内宿舍楼送女友，返程途中被学生和保安拦下。该肇事者不但没有关心伤者，甚至态度冷漠，嚣张地高喊："有本事你们告去，我爸是李刚！"后经证实了解，该男子名为李某铭，父亲李刚是保定市某公安分局副局长。

被撞一陈姓女生于 17 日傍晚经抢救无效死亡，另一女生受重伤，经紧急治疗后，方脱离生命危险。

2010 年 10 月 18 日，"猫扑贴贴"上网友发布的一篇关于此案的帖子迅速引爆网络。

2010 年 10 月 24 日，犯罪嫌疑人李某铭因涉嫌交通肇事犯罪被河北省保定市望都县人民检察院依法批准逮捕。

2011 年 1 月 30 日，李某铭交通肇事案一审宣判，李某铭被判 6 年。

"我爸是李刚"一词成为 2010 年网络十大流行语之一，也成为网友们嘲讽跋扈"官二代"的流行语。李刚也被网友评为"四大名爹"之一。

 点 评

嚣张跋扈，锋芒毕露

这本来是一起恶性交通肇事案件，但肇事者撞人后不仅不救人，反而开走轿车，被拦下后又飞扬跋扈，还摆出了自己当公安局局长的父亲，一下子激起了网民的反感，迅速点燃了网络舆情。

由于犯了众怒，肇事者及其"护身符"父亲"李刚"迅速遭到了"人肉搜索"。肇事者被判刑，其父李刚也离开原来的工作岗位不知所终。这件事也被网民列为"坑爹"的典型案例。

2020年，湖北某地一位从武汉回到当地的男子在网络上炫耀，说自己如何突破武汉出城的限制回到老家。之后，该男子迅速被网民"人肉搜索"。

一位男演员在网络上炫耀自己曾将往届生身份修改，以应届生身份参加高考，同样引发了很大的网络舆情。最终，他的大学毕业证书也因此被撤销。

所以，如今越来越多的干部、社会知名人士都选择了低调，曾经引以为豪的名车、名表、知名服饰几乎不敢再穿戴出来了。心理学家们发现，决定人行动的，往往是喜好而非科学常识、知识和理智。理性往往最终会让位于感性。比如，有人明明知道睡前吃东西容易发胖，但禁不住美食的诱惑，睡前还是吃了。更有甚者，一边花钱健身减肥，一边大块朵颐，之后又懊悔自己没能管住嘴。所以在传播力和影响力诸要素中，最直接的因素就是情感和态度的传递。因此，在应对危机事件时，特别要注意理性和感性、情感和态度的平衡，把握好分寸，尽最大可能争取公众的同情，而不是把自己推到公众的对立面。

2021年4月19日发生的某特斯拉车主在上海车展上维权事件，就是由于特斯拉在应对这一危机事件时态度过于强硬，从而激起公众质疑甚至愤怒，导致自己陷入被动。整个舆情发酵、危机公关处置的过程，一波三折，既在意料之中，又在意料之外。

案例2：特斯拉车主上海车展维权事件

2021年4月19日，某特斯拉车主在上海车展上在特斯拉汽车车顶高喊"刹车失灵"的维权事件，就是特斯拉公司危机公关处理中的一个失败案例。特斯拉公司也许没有想到，他们对维权消费者的回应会引起网民乃至媒体、政府管理机构的强烈质疑和不满。

1. 特斯拉官方微博对车主维权抗议事件的回复

事件发生后，特斯拉当日两度通过官方微博发声，对该事件作出回应。

2021年4月19日14时59分，特斯拉通过官方微博发布声明称，当事人为此前2月发生的河南安阳超速违章事故车主，通过非常规方式获取证件进入展馆，在展台周围进行直播，穿着定制的维权T恤衫，并登上车顶大喊。

特斯拉 🏆🌳
2021-4-19

感谢网友和媒体朋友的关注。关于2021年4月19日在车展现场发生的车主行为，我们了解到当事人为此前2月发生的河南安阳超速违章事故车主。

据了解，4月19日上午，该车主通过非常规方式获取证件进入展馆，在展台周围进行直播，露出定制维权T恤，并登上车顶大喊。现场工作人员在注意到该行为后多次言语劝解，但车主并未停止相关行为。现场工作人员在与展会主办方协商后，主办方考虑到该行为严重影响展会正常秩序，协调安保及公安执法人员劝离车主。

据了解，该车主此前曾因超速违章发生碰撞事故，而后以产品质量为由坚持要求退车。近两月以来我们始终保持与车主积极协商，表示愿意协助完成检测、维修或保险理赔事宜，同时提出多种解决方案，但是由于车主不接受任何形式的第三方检测，并强烈拒绝我们提出的所有方案，所以相关事宜只能持续沟通。接下来，我们还将继续与车主紧密沟通，帮助车主尽快恢复正常用车生活。

再次感谢网友和媒体朋友们的关注。 收起

📤 2397　　　　💬 1.4万　　　　👍 8.6万

当日23点55分，特斯拉官方微博再次发文，表示"如果是特斯拉产品的问题，特斯拉一定坚决负责到底，该赔的赔、该罚的罚。这是我们一贯的态度和处理方式""同时我们需要说明的是：对不合理诉求不妥协，同样是我们的态度"。

特斯拉 V 🏛
4月19日 23:55

尊敬的特斯拉用户、网友们、媒体朋友们：

对于大家今天看到的上海车展上关于特斯拉产品安全问题的疑问和关注，抱歉占用大家的时间和公共资源，感谢大家对于特斯拉的关注和监督。

特斯拉到中国建厂生产，是为了更好地服务中国客户，推动行业发展。我们尊重中国客户，尊重合作伙伴，尊重中国网友，也尊重中国媒体朋友们。我们听到很多中肯的意见和批评，对于这些意见和批评，我们诚恳接受。

作为一家汽车科技企业，驾驶安全和产品质量一直是我们毫不妥协的品牌追求和基本原则。

我们的初心是坚持为用户创造安心、舒适的电动出行生活，在我们的业务流程和模式中，消费者是永远的核心，我们珍惜和尊重每一份反馈，并全力以赴、尽己所能去改正、完善，我们相信只有秉承负责任的态度，持续完善客户服务，才能更好的传递优秀产品体验。

对于大家看到的种种关于特斯拉产品安全问题的疑问和关注，我们始终愿意全力配合国家级的第三方权威机构的全方位检测，希望通过这种方式，让特斯拉的消费者放心，争取消费者的理解和谅解。毕竟，国家级的第三方权威机构，并不是哪一家企业可以左右的。然而，这一愿望至今没有实现。主要原因是我们与用户的沟通方式可能存在着一定的问题，次要原因则是我们确实无法替客户决定用哪种方式解决问题。

我们珍惜每一个客户，所以我们愿意公开承诺：如果是特斯拉产品的问题，特斯拉一定坚决负责到底，该赔的赔、该罚的罚。这是我们一贯的态度和处理方式。

同时我们需要说明的是：对不合理诉求不妥协，同样是我们的态度。

因为不管是消费者还是企业，无论表达什么诉求，在法理上是平等的。处理纠纷，无论是企业还是消费者，都离不开"法理"二字，双方只有合理合法地去沟通和解决，才是真正对消费者和企业都适用的一种公正和公平。

特斯拉与客户，始终是一体的。企业承担社会责任的方式，是提供优秀的产品，提供良好的服务，创造更好的社会导向和价值。

将心比心，真诚是最好的桥梁。我们相信，只有实事求是，才能解决问题。这种力量，本就是有温度的。这种力量，才是更加促进行业前进的力量；这种力量，是我们在中国学习到的最根本的力量。

再次感谢大家的关注，对于客户的具体诉求，我们一定会尽己所能，给大家一个满意的答复。

大家所有的批评，我们都虚心接受。

2. 特斯拉公司副总裁回应

4月19日下午，特斯拉全球公司副总裁陶某在展台接受了财经汽车记者的独家专访，表示，"近期的负面（消息）都是她（维权车主）贡献的""我们没有办法妥协，就是一个新产品发展必经的过程""我们自己的调研显示，90%的客户都愿意再次选择特斯拉"。

4月20日下午，"出行一客"公开了特斯拉公司副总裁陶某在展台接受的独家专访视频。在这段20分钟左右的采访视频里，陶某解释了该起维权事件的经过，并就近期特斯拉一系列事件发表回应。

陶某表示，"最近几次特斯拉事件都和她有关。我们已提出出钱去做车辆的检测，但她不同意，要求巨额赔偿。我们认为她的诉求是不合理的，我们不可能答应"。

除此之外，陶某还就近期特斯拉涉及用户隐私、频繁降价等事件发表回应。在回应客户忠诚度下降的问题时，陶某表示，在特斯拉自己做的1000份调研数据中，客户的正面反应是有所上升的。同时希望把这些数据提供出来，"让大家看到真实的这个（车主）群体是什么样的，而不是被个案影响"。

面对陶某的二次回应，另一位维权女车主安某佳表示，"（车辆被）送往特斯拉售后服务中心，每天回报两个结果——等待和检查，至今未得到合理解决方案。对特斯拉检测报告存在质疑，为什么在正常行驶过程中，特斯拉失去了动力？一个星期过去，售后消极对待，我只能在车顶上维权"。

面对危机事件，这样的回应有问题吗？当然有问题。

① 特斯拉回复口吻过于强硬

在舆情发生后进行危机公关是必然的行动。几乎没有任何当事方会对舆情置之不理。危机公关有多种方式，概括起来大概有五种：第一种是针锋相对，强硬回应；第二种是选择退让，息事宁人；第三种是无可奉告，不予置评；第四种是放低身段、实事求是，通过谈判协商选择双方都可接受的方案；第五种是走法律途径。第一种和第二种是两个极端，都不可取；第五种过于理智，缺少人情味儿。而特斯拉官方回复采取的是第一种方式，由于太过强硬而引发众怒。

特斯拉官方微博回复称，"我们珍惜每一个客户，所以我们愿意公开承诺：如果是特斯拉产品的问题，特斯拉一定坚决负责到底，该赔的赔、该罚的罚。这是我们一贯的态度和处理方式。同时我们需要说明的是：对不合理诉求不妥协，同样是我们的态度。因为不管是消费者还是企业，无论表达什么诉求，在法理上是平等的。处理纠纷，无论是企业还是消费者，都离不开'法理'二字，双方只有合理合法地去沟通和解决，才是真正对消费者和企业都适用的一种公正和公平"。

这样的回复，如果孤立地看，没有什么问题，因为句句在理。但公众心里却不舒服。尤其是在事件真相还不明朗的时候，公众往往会认为无风不起浪，消费者如果能够通过其他方式解决问题，怎么会这么过激呢？

特斯拉微博"句句在理"的回复，一下子把自己推到了公众的对立面。

对于车主维权，特斯拉未必有问题，但这样说就很容易引火烧身。因为公众普遍有同情弱势群体的心理倾向。在汽车维权事件中，一般公众都会把消费者看作弱势的一方，把汽车企业看作强势的一方。强势的一方如果说话过于强硬，必然会引起公众的不适感，进而让公众转而同情消费者。

在这起事件中，特斯拉公司副总裁陶某说的也许是事实，可能特斯拉也提出过由第三方检测，车主不同意，一味地"闹"。但作为车企，可以选择放低姿态，甚至不妨将自己扮演成被误解的一方，而不是一味以强硬的口吻回复社会质疑的声音。

② 指出这位车主"闹事"，会引起公众对弱者同情的心理

作为特斯拉公司副总裁，陶某的一些说法也许是事实，但就算再符合事实，这种表述也会给公众一种抹黑消费者之嫌。

那么，应该如何回复呢？可以自说自话，只表达自己的观点立场；也可以无论客户是对是错，都不对客户做任何负面评价；还可以将对客户的品头论足留给公众。

③ 现场处置有明显瑕疵

车主站在特斯拉车顶高喊"特斯拉刹车失灵"后，保安抬着车主的照片给人以车企欺负车主的感觉，导致公众迅速站队，非常容易代入车主的身份来看待特斯拉。都是车主，特斯拉竟这样对待车主，如果自己也遇到相似情况，特斯拉是不是也会这样粗暴对待自己呢？这也是导致舆情迅速发酵的原因之一。

3. 舆情迅速发酵

特斯拉的强硬回应，导致舆情迅速发酵。新华社等媒体纷纷质疑特斯拉粗暴对待消费者。官方机构也迅速发声，要求特斯拉公布行车数据。

① 媒体发声

4月19日晚间，新华社官微发布文章《"车顶维权"成热点，是谁让谁不"体面"？》。文章称：一名女士身穿"刹车失灵"字样的T恤衫，站到车顶，在特斯拉展台维权，成为舆论热点。出现这样的事情，到底是车主的不体面，还是车企的不体面？

随后，新华社发问：谁给了特斯拉不妥协的底气？

新华社评论认为：该公司一名高管回应称"没有办法妥协，这是新产品发展必经的一个过程"，还强调"自己的调研显示，90%的客户都愿意再次选择特斯拉"。特斯拉高管如此傲慢的回应，几乎让人感受不到解决问题的诚意。

不得不说，这是一起比较复杂的维权事件。双方各执一词：车主声称自己买的特斯拉存在"刹车失灵"问题，还曾坐在车顶拿大喇叭维权被报道；特斯拉则回应称该车主"曾因超速违章发生碰撞事故，而后以产品质量为由坚持要求退车"。事实真相如何，很难仓促定论，有待相关部门深入调查之后才能定纷止争。

从网络舆情来看，特斯拉高管的傲慢回应，让很多人感到费解。尤其"近期的负面（消息）都是她贡献的""我觉得她也很专业，背后应该是有人的"等表述也不太妥当。客观来说，一家企业不可能让所有人都满意，但是作为一家知名企业，应该具备让消费者满意的产品和服务态度。

新华社 ▼ ⑩
4月19日 19:28 来自 微博 weibo.com

#车顶维权到底是谁的不体面# 【"车顶维权"成热点，是谁让谁"不体面"？】
2021上海车展19日开幕，一名女士身穿"刹车失灵"字样的T恤衫，站到车顶在特斯拉展台属维权，一时成为舆论热点。出现这样的事情，到底是车主的不体面，还是车企的不体面呢？

车主和车企之间，难免会有矛盾和纠纷。事实上，这不是相关车企第一次遇到"车顶维权"，这也不是"车顶维权""第一次引发舆论热议。站上车顶维权既不安全也不体面，于公共秩序更无益。于上海车展而言，出现这样的事情，有关方面应当依法依规，该调查的调查，该处理的处理。与此同时，在社交网络上，也有不少舆论认为，消费者对于产品质量和服务的关切，车企应当更加认真，直面问题。

据统计，从2020年以来，不同媒体曝光相关车企的产品刹车失灵、充电自燃问题已经累计超过几十起，发生在北京、上海、杭州、广州、深圳、南昌等多地。面对消费者的质疑，车企不能只强调客观因素。

作为汽车行业的"明星"品牌，特斯拉对质量的自我要求、对用户的承诺需要与市场期待相匹配，这才能获得更多消费者的信任和青睐。解铃还须系铃人，对任何企业而言，提供优质的产品和服务才是正道。 收起全文 ∧

诚然，极端维权方式不值得鼓励，但正如一些网民所说：如果消费者能顺畅维权，谁会冒险站在车顶维权？当然，无论是涉事企业还是消费者，都要在法治框架内表达诉求，既不能鼓励维权者"一闹就灵"，也不该让人觉得企业方"店大欺客"。如果车企不能提供质量过硬的产品和良好的售后服务，不能保障消费者的行驶安全，甚至恶意猜测维权者的动机，可能会砸了自己的招牌。

② 中央政法委新媒体账号"长安剑"发文评论

"长安剑"认为，作为新能源汽车领域的佼佼者，不能为车主提供安全可靠的产品，出了问题不能提供切实可行的解决方案，反而一而再、再而三地爆出安全事故，一次次将车主置于险境，试问企业的责任和担当何在！

③ 国家市场监督管理总局发声：督促指导地方依法处理特斯拉车主维权事件

4月21日晚间，国家市场监督管理总局微信公众号发表通报，表示将督促指导地方依法处理特斯拉车主维权事件。

通报称，近日，上海车展上特斯拉车主维权引发广泛关注，国家市场监管总局高度重视，已责成河南省、上海市等地市场监督管理部门依法维护消费者合法权益。同时，强调企业要切实履行质量安全主体责任，为消费者提供优质安全的产品和服务。

④ **中消协发声：尊重消费者是企业经营的首要前提**

中消协 4 月 21 日晚间表示，近日，有关特斯拉消费者维权事件引发热议，中消协对此高度关注。企业经营的首要前提是尊重消费者。面对消费者的投诉，企业要认真倾听，真诚协商，给消费者合理的解释和有效解决方案。作为汽车生产者，企业掌握相关数据，应当利用专业知识严格自查，技术优势不应成为解决问题的阻碍。企业应当依法落实产品质量责任，采取有力措施保护消费者安全权益。企业有义务拿出证据证明产品安全、拿出措施提升产品和服务质量、拿出诚意解决消费者合理诉求。消费者因购买、使用商品或者接受服务受到人身、财产损害的，享有依法获得赔偿的权利。我国法律为消费者维权提供了和解、调解、仲裁、诉讼等多种途径。消费者主张权利应当依法进行，理性维权，避免过激行为。中消协希望涉事企业积极配合调查，主动提供数据和资料，妥善处理消费纠纷，切实保护消费者合法权益。

⑤ **郑州市郑东新区市场监督管理局发声：特斯拉无条件提供行车数据**

4 月 21 日，郑州市郑东新区市场监督管理局责令特斯拉汽车销售服务（郑州）有限公司无条件向张女士提供该车发生事故前半小时的完整行车数据。

4. 网民回应

针对特斯拉中国副总裁陶某的回应，有网友表示，"新产品发展必经的过程为什么要消费者来买单？这种公关言论也能说得理直气壮？"

另一位高赞网友评论称，"这位副总裁，这话您也说得出口啊？！人家的家人差点因为你们车的质量问题丧命了，还怪人家给你们造成了不良影响？真的是没下限啊！"

网民如此回应，说明消费者的观感很差。强硬的回应，展现的是危机公关中强势的形象，而在公众心中，消费者本来就处于弱势。特斯拉这样的回应，引起了社会舆论的反感，激发了公众同情弱者的心理，把自己推到了公众的对立面，使公众转而同情维权的消费者。

5. 特斯拉深夜道歉

4月20日深夜，特斯拉方面针对"女车主站车顶维权事件"第三次进行回应，向车主道歉，并称已成立专门处理小组，专事专办。

车展上时常出现现场维权的用户，大多数汽车生产企业都会选择与维权用户进行耐心交流且承诺一定派专人跟进处理，随后再将其礼送出展台。一些危机公关出色的汽车生产企业还会派出工作人员跟进车主问题并及时解决。比如，在2019年上海车展中就出现了车主坐在奔驰车引擎盖上哭诉维权的事情。经过车企相关人员一番劝导，维权车主同意暂时离去。之后奔驰很快派出专人跟进，并于次日与车主达成和解。

在车展现场以强制手段驱离维权车主的汽车生产企业，特斯拉似乎是第一个。

特斯拉 👑 🌳

2021-4-20

尊敬的各位客户、网友和媒体朋友们：

我们就未能及时解决车主的问题深表歉意。

今天我们与往日一样认真聆听媒体和网络上的各种声音，特斯拉感恩各位车主、网友和媒体朋友们给予我们的信任和包容，也积极听取各位客户、网友和媒体朋友们的意见、建议和批评。为了最大程度弥补车主的不适，以及对其用车体验及生活等诸多方面的不利影响，我们始终愿意尽最大努力与车主主动沟通，用最诚恳的态度寻求解决办法，坚定履行负责到底的承诺。

特斯拉尊重并坚定服从政府各相关部门的决定，尊重消费者，遵守法律法规，坚决坚定地积极配合政府各相关部门的所有调查。

为此，我们已成立专门处理小组，专事专办，努力在合规合法的情况下，尽全力的满足车主诉求，争取让车主满意。

同时，我们依然殷切地希望车主能够给予我们寻求更好解决问题的机会，力求达成多方满意的结果，真真正正维护好消费者的权益。

基于此次经历，我们会努力吸取教训，认真总结，在配合政府各相关部门调查的情况下，同时开展严格自查自纠，对自身不合理的、不符合服务准则的问题和服务流程进行梳理并整改，努力做到立查立改、即查即改，做到尊重消费者，尊重市场。

我们将继续聆听客户反馈，不断优化客户体验，不断服务好每一位客户。

再次向车主表示歉意，感谢大家的宽容和理解。 收起

↗ 7613　　　　　💬 3.6万　　　　　👍 38.5万

6. 事件戏剧性反转

① 特斯拉车主维权事件原委

2021年2月21日下午6点左右，张女士的父亲驾车行驶在安阳341国道南段村段，"当时车速约70km/h，在距前方红绿灯约200米时，先轻踩刹车未见减速，再重踩刹车，感到刹车没有反应，制动失效，自带动力回收也没能起到减速作用，我们一家人只能惊慌失措眼睁睁地看着车子直接撞上前方车辆而毫无办法，紧接着又撞上另一辆车，最后撞上了路中间的水泥防护墩才被迫停下。"

3月，张女士去郑州特斯拉门前，坐在车顶维权。随后双方在市监局调解时，张女士被建议去"中国质量认证中心"进行鉴定，张女士则认为这家机构的业务是3C认证，不专业。

3月10日，"特斯拉客户支持"微博针对此次维权事件称，交警方面出具的事故责任认定书显示：认定张先生（车主父亲）违反了相关法律关于安全驾驶和与前车保持安全距离的规定，对事故应承担全部责任。

由此，特斯拉单方面发布声明：根据事故责任认定书，驾驶员是超速驾驶；刹车时车辆时速118.5 km/h，刹车正常；张女士以封条封车，拒绝任何形式的车辆检测；张女士要求退车及赔偿精神损失费……

此后，张女士回应，事发时车速实际约为60km—70km/h，并对特斯拉声明一一反驳，称她接受合理调解，接受专业的第三方鉴定。

同时，张女士要求退车，特斯拉则要求张女士同意保险公司修车，修好后帮张女士卖掉，但被张女士拒绝。张女士还曾要求特斯拉提供30分钟的完整数据，特斯拉拒绝提供。

② 特斯拉公布数据

上海车展维权后，媒体和监管机构纷纷发声以声援车主。随后，特斯拉表态将积极配合。特斯拉称，已主动与郑州市市场监督管理局联系并汇报相关情况，同意提供事发前半小时的车辆原始数据给第三方鉴定机构或政府指定的技术监管部门或者消费者本人。同时恳请郑州市市监局指定权威的、有资质的第三方检测鉴定机

特斯拉行车数据"黑匣子"

构，开展检测鉴定工作，早日还原事件真相，并表示愿承担鉴定所产生的全部费用。

4月22日晚间，特斯拉中国公司发布了事故车辆发生事故前30分钟内的数据。数据显示，在车辆发生事故前的30分钟内，车辆有超过40次踩下制动踏板的记录。2月21日下午6点14分22秒36分秒时维权车辆行驶速度118.5km/h，27秒45分秒时速度降至48.5km/h。

按照这个数据判断，事故车辆超速了。事故车辆驾驶员开始踩下制动踏板时力度较轻，之后，自动紧急制动功能启动并发挥了作用，提升了制动力并减轻了碰撞的冲击力，制动系统均正常介入工作并在碰撞前降低了车速。公众随机从这个数据中解读出来言外之意——如果特斯拉刹车系统没有自动介入，以一百多公里的时速，很可能出现车毁人亡的悲剧。公众的同情心迅速转向了特斯拉。

4月23日下午，特斯拉方面回应称，愿意在客户同意、政府指定或监督的情况下，三方共同见证，在全国范围内任意有资质的权威检测机构进行检测。

时间	车架号	车速	制动踏板物理性移动信号	制动主缸压力
Feb-21.2021 6:14:21.35 PM	5YJ3E7EA7LF550391	119		
Feb-21.2021 6:14:21.94 PM	5YJ3E7EA7LF550391			
Feb-21.2021 6:14:22.34 PM	5YJ3E7EA7LF550391			
Feb-21.2021 6:14:22.36 PM	5YJ3E7EA7LF550391	118.5		
Feb-21.2021 6:14:23.17 PM	5YJ3E7EA7LF550391		Driver_applying_brakes	
Feb-21.2021 6:14:23.24 PM	5YJ3E7EA7LF550391			0.3
Feb-21.2021 6:14:23.35 PM	5YJ3E7EA7LF550391			
Feb-21.2021 6:14:23.38 PM	5YJ3E7EA7LF550391	116		
Feb-21.2021 6:14:23.46 PM	5YJ3E7EA7LF550391			4.5
Feb-21.2021 6:14:23.66 PM	5YJ3E7EA7LF550391			6
Feb-21.2021 6:14:23.87 PM	5YJ3E7EA7LF550391			7.5
Feb-21.2021 6:14:24.08 PM	5YJ3E7EA7LF550391			11.4
Feb-21.2021 6:14:24.28 PM	5YJ3E7EA7LF550391			12.3
Feb-21.2021 6:14:24.36 PM	5YJ3E7EA7LF550391			
Feb-21.2021 6:14:24.40 PM	5YJ3E7EA7LF550391	109.5		
Feb-21.2021 6:14:24.49 PM	5YJ3E7EA7LF550391			18.3
Feb-21.2021 6:14:24.70 PM	5YJ3E7EA7LF550391			24.6
Feb-21.2021 6:14:24.91 PM	5YJ3E7EA7LF550391			25.8
Feb-21.2021 6:14:25.11 PM	5YJ3E7EA7LF550391			30.9
Feb-21.2021 6:14:25.32 PM	5YJ3E7EA7LF550391			40.2
Feb-21.2021 6:14:25.37 PM	5YJ3E7EA7LF550391			
Feb-21.2021 6:14:25.41 PM	5YJ3E7EA7LF550391	94		
Feb-21.2021 6:14:25.53 PM	5YJ3E7EA7LF550391			41.4
Feb-21.2021 6:14:25.74 PM	5YJ3E7EA7LF550391			45.9
Feb-21.2021 6:14:25.87 PM	5YJ3E7EA7LF550391			
Feb-21.2021 6:14:25.95 PM	5YJ3E7EA7LF550391			61.2
Feb-21.2021 6:14:26.09 PM	5YJ3E7EA7LF550391			
Feb-21.2021 6:14:26.16 PM	5YJ3E7EA7LF550391			73.2
Feb-21.2021 6:14:26.37 PM	5YJ3E7EA7LF550391			92.7
Feb-21.2021 6:14:26.38 PM	5YJ3E7EA7LF550391			
Feb-21.2021 6:14:26.39 PM	5YJ3E7EA7LF550391			
Feb-21.2021 6:14:26.40 PM	5YJ3E7EA7LF550391			
Feb-21.2021 6:14:26.43 PM	5YJ3E7EA7LF550391	74		
Feb-21.2021 6:14:26.58 PM	5YJ3E7EA7LF550391			86.1
Feb-21.2021 6:14:26.79 PM	5YJ3E7EA7LF550391			101.7
Feb-21.2021 6:14:27.00 PM	5YJ3E7EA7LF550391			114.9
Feb-21.2021 6:14:27.21 PM	5YJ3E7EA7LF550391			111
Feb-21.2021 6:14:27.39 PM	5YJ3E7EA7LF550391			
Feb-21.2021 6:14:27.42 PM	5YJ3E7EA7LF550391			130.8
Feb-21.2021 6:14:27.45 PM	5YJ3E7EA7LF550391	48.5		
Feb-21.2021 6:14:27.63 PM	5YJ3E7EA7LF550391			140.7
Feb-21.2021 6:14:27.67 PM	5YJ3E7EA7LF550391			
Feb-21.2021 6:14:27.69 PM	5YJ3E7EA7LF550391			

图片来源：特斯拉公司

③ 网络声音迅速反转

上海车展特斯拉车顶维权车主发微博表示，"特斯拉未经我本人同意，私自将数据向大众公开的行为，侵犯了我们的个人隐私，也触犯了我们消费者的合法权益"。

但网络上支持特斯拉的声音越来越多。

4月26日，维权车主张某的车展入场证被曝光。上游新闻记者看到，该证件为4月19日媒体日的通行证，而且还标注了张某的姓名及身份信息。在通行证的左上角，企业名称标注为"伟巴斯特"。

网民查到，伟巴斯特集团是世界百强汽车零配件供应商之一，在中国主要为汽车制造商开发生产汽车的天窗系统、加热系统、动力电池系统和提供充电解决方案。伟巴斯特为中国几乎所有合资及自主品牌汽车制造商提供配套服务。

巧合的是，这位车主在维权当天出行所乘坐的汽车恰好是某来汽车。这从侧面印证了此前陶某接受采访时说的话并非空穴来风——"我觉得她也很专业，背后应该是有（人）的。"

而维权车主回应称，自己是在"车展前一日抵达上海，乘坐过特斯拉维权车友的某来汽车，他同时是某来和特斯拉的车主，而我仅仅是乘坐过车辆而已，并不能代表我乘坐过哪个品牌的车，他们就是我维权事件的支持者，这是无稽之谈，更是欲加之罪！""关于媒体日通行证，我是实名申请，并且由车展工作人员带领下进入会场，光明正大，合理合法"。

随即，伟巴斯特否认为女车主提供媒体通行证。某来汽车也否认与女车主维权有关系。但不管怎么解释，都无形中助推了特斯拉的人气。有网友拍的视频显示，在上海车展上，特斯拉展位人头攒动，甚至还要排队。而附近的其他品牌车展位明显冷清。网友还挖出了2020年国内汽车投诉销量比排名，特斯拉以万分之零点七的数据成为2020年投诉销量比最低的汽车品牌。

2020年度国内轿车投诉销量比排行榜 (优于国内轿车年度投诉销量比)			
排名	品牌	车型	投诉销量比（万分之）
1	特斯拉中国	Model 3	0.7
2	上汽集团	名爵5	1
3	上汽通用五菱	宏光MINIEV	1.3
4	比亚迪	汉	3.2
5	东风本田	享域	3.4
6	北京现代	伊兰特	4.5
7	广汽埃安	AION S	5
8	北京奔驰	奔驰A级	5.1
9	广汽丰田	YARiS L 致炫	5.4
10	上汽大众	桑塔纳	6.3
11	长城汽车	欧拉黑猫	7.3
12	一汽-大众捷达	捷达VA3	7.6
13	北京现代	瑞纳	8.1
14	广汽本田	凌派	10
15	一汽红旗	红旗H5	10.7
16	华晨宝马	宝马5系	10.9
17	华晨宝马	宝马1系	11.2
18	东风乘用车	奕炫	11.5
19	北京奔驰	奔驰E级	11.9
20	上汽大众	Polo	12.9
21	一汽丰田	卡罗拉	13.4
21	一汽-大众	宝来	13.4

投诉数据来源：车质网　　车质网 12365auto.com

女车主特斯拉车顶维权事件，意外地给特斯拉做了一次广告。特斯拉成了这一事件中的最大赢家。

 点 评

一手好牌为什么打成了烂牌?

特斯拉车主维权事件反转并导致特斯拉展位人气激增，并不是特斯拉危机公关的成功，而是由于特斯拉在各方发声的压力下公布了事故车辆数据，从而证明了特斯拉刹车系统发挥了作用，降低了车速，避免了车辆发生更大的事故。此外，网友也公布了2020年特斯拉投诉销量比最低，从而在特斯拉车主维权这个热点事件的加持下，使得更多公众知道了特斯拉轿车相比其他品牌车辆的优势。

这件事之所以舆情汹涌，主要原因有二：其一，特斯拉现场处置过于鲁莽。其中，工作人员拉抬在车顶抗议的女士给公众带来了不好的观感。其二，特斯拉副总裁回应强硬。无论你多有理，在面对公众时，也要采用柔性的姿态。何况，在知名车企和消费者车主之间，公众天然地会倾向于同情后者。所以，无论后者是对是错，在受众中一开始更易获得身份优势。

面对车主维权，稳妥的应对方式应该是放低姿态，柔性应对维权；无论自己是否有理，绝不说强硬的话、不做强硬表态；用事实说话；积极主动配合媒体记者采访，尽可能通过科学依据赢得媒体的同情和支持；积极主动与监管部门沟通，说明情况，寻求监管部门的理解；主动与维权当事人积极沟通，寻求解决之道。这样，无论当事人是否配合，企业都会在姿态上赢得主动。特别是作为一家外资企业，其中任何一个方面应对失据，都可能激发公众的民族情绪。

这些应对措施，对任何企业都是有效的。即使企业自身确实有问题，以这种方式处置舆情，也会减少公众对企业的反感等负面情绪。在舆情面前单纯地讲道理，不如利用感性因素更能占据主动。

但在与此类似的女车主坐引擎盖维权事件中，奔驰经销商和厂家就没这么幸运了。

案例3：奔驰车主维权事件

2019年4月9日，一名奔驰车主在西安"利之星"奔驰4S店坐在引擎盖上哭诉维权的现场视频，于4月11日被发到网上，引发了公众的广泛关注。

2019年3月27日，一名女车主在西安"利之星"奔驰4S店买了一辆红色进口奔驰轿车，裸车价为58万多元，算上贷款手续费及其他费用合计66万元左右。新车刚开出4S店门口，车主就发现车辆发动机存在漏油问题。在之后的半个月内，经车主与4S店工作人员多次协商，4S店给出的解决方案从退车退款变成换车，再变成换发动机。对此，车主表示无法接受。

西安"奔驰女车主哭诉维权"视频持续登上微博热搜后，引起舆论广泛关注。在媒体与监管部门的介入下，车主和西安"利之星"汽车有限公司最终达成换车补偿等和解协议。

双方和解协议的主要内容如下：

1. 4S店为车主更换同款的奔驰新车，但依旧是以贷款的方式购买；

2. 对该车主此前支付的一万余元"金融服务费"，4S店全额退款；

3. 奔驰方面主动提出，邀请该车主参观奔驰位于德国的工厂和流水线等，了解相关流程；

4. 奔驰方赠送该车主十年"一对一"的VIP服务；

5. 为女车主补办生日（农历），费用由奔驰方全额支付；

6. 奔驰方支付车主交通补偿费共计一万元。

点 评

同样是维权，把握好角色定位才能占据舆情有利位置

奔驰女车主维权事件之所以得以顺利解决，有以下几个突出的因素，使得舆论倾向于支持维权女车主。

第一，车主的女性身份。

第二，坐在引擎盖上哭诉。

这两点使车主的公众印象定位在弱者身份，容易引起同情。

第三，高学历：女车主是硕士学历。

女硕士车主坐在引擎盖上哭诉，给公众的印象是：车企让斯文人"斯文扫地"。

第四，车主表述的事件经过引发公众的同情。

新车刚开出4S店门口，车主就发现车辆发动机存在漏油问题。而4S店给出的解决方案令人反感：从退车退款变成换车，再变成换发动机。4S店的解决方案挑战了世界各国基本的商业原则和公众认知：对于这种刚离开店门就出现质量问题的产品，一般人都会认为商家交付的不是合格产品。除非明确交易标的物是有瑕疵的产品，但是有瑕疵的产品就不会按照合格产品的价格销售。

第五，鉴定机构的鉴定结果坐实了4S店卖的产品存在质量问题。

据法定鉴定机构鉴定：该车发动机缸体右侧因破损而漏油。该车发动机在装配过程中将机油防溅板固定螺栓遗落在发动机内，发动机在高速运转过程中，其第二缸连杆大头撞击到遗落的螺栓，使螺栓击破缸体。该车发动机无更换、维修历史。该车发动机存在装配质量缺陷，属于产品质量问题。

很多正反两方面的经验都反复验证了：面对舆情，放低身段，柔性应对，比起"义正词严"的强硬姿态都更有利于化解危机，无论你是对是错，态度有时比事实更重要。在一些灾难性事故的政府新闻发布会上，即使新闻发言人发布的事实再准确再翔实，也不如一句真诚的道歉、一句温暖人心的慰问更能打动人心，因为这种姿态能消解人们心中的怒火和反感情绪。尤其在网络时代，面对公众的情绪和态度，恰当得体的态度比官方生硬的事实表述更为重要，在扭转网络舆情时也更有效。在危机面前，最重要的往往并不是对错，甚至也不是真伪，而是"态度"。否则，相关机构将会失去在第一时间争取公众同情和谅解的机会。

（五）积极配合媒体比与媒体记者对抗、交恶更有利

任何机构都不希望出现对自己不利的负面信息，但在出现危机事件后，我们往往会看到相关机构没有主动化解危机，反而依靠机构的强势地位，强硬干预舆情事件走向。每年都有机构对前去采访的记者使用各种手段，软硬兼施，围追堵截。更有甚者，还会殴打记者，破坏记者的采访设备。

而其之所以敢限制记者采访，甚至大动干戈，原因大致有三：

第一，机构强势地位使然，虽明知自身行为违法甚至涉嫌犯罪，但自认为在当地举足轻重，甚至"称霸一方"，所以毫无顾忌。

第二，机构本来就没有遵纪守法的意识，特别是一些当地的政府权力部门或影响力巨大的机构。

第三，机构缺乏舆情处置、危机管控制度和经验。

在互联网上输入"殴打记者，破坏记者的采访设备"，相关的报道比比皆是。

与曝光记者打交道的正确姿态——积极配合媒体报道

无数的案例几乎无一例外地验证了：与记者、媒体对抗，结局都不乐观，不仅无助于平息事态，反而会让舆情愈演愈烈，朝着越来越不利于被曝光者的方向发展。

阻挠记者采访是违反国家规定的。

按照 2008 年 11 月 7 日，新闻出版总署《关于进一步做好新闻采访活动保障工作的通知》（新出报刊〔2008〕1260 号），规定："新闻记者证是我国境内新闻记者从事新闻采访活动的惟一合法证件，是新闻记者职务身份的有效证明。境内报刊、通讯社、广播、电视等媒体的新闻记者证，由国务院授权新闻出版总署统一印制并核发，可以通过电话、互联网等方式查验。"这也就意味着，持有合法记者证的记者具有采访权。"新闻机构对涉及国家利益、公共利益的事件依法享有知情权、采访权、发表权、批评权、监督权，新闻机构及其派出的采编人员依法从事新闻采访活动受法律保护，任何组织或个人不得干扰、阻挠新闻机构及其采编人员合法的采访活动。"

但是，每年各地都会出现多起涉事单位暴力阻挠记者采访的事件。限制记者采访报道的结果：一是不会得到当地政府部门的公开支持，哪怕始作俑者就是当地政府部门，其他相关部门也不敢公开支持；二是必然会引起新闻主管机构、记协甚至其他媒体的反弹；更坏的结果是，让一件可能是局部的负面事件，转而变成吸引全国媒体和公众关心的舆情危机事件，把所在单位变成全国舆论焦点。一句话，阻挠记者采访报道、与记者交恶，得不偿失。

正面案例

案例1："11·28"陕西铜川陈家山矿难

2004 年 11 月 28 日上午 7 时 10 分，陕西省铜川矿务局陈家山煤矿发生瓦斯爆炸事故。在井下的 293 人中，有 127 人安全升井，其余 166 名矿工遇难。矿难发生后，国内外媒体蜂拥而至，各种各样的报道席卷全球。陕西省委宣传部一位负责人果断要求当地宣传部门主动联系记者，积极配合记者报道，帮助记者联系相关采访对象，为记者对事故的报道提供尽可能的帮助。

点 评

积极配合比阻挠更容易获得公众的同情

"宣传部门主动联系记者，积极配合记者报道，帮助记者联系相关采访对象，为记者对事故的报道提供尽可能的帮助。"

这样做，不仅缓和了媒体与当地政府的"对立"关系，而且使原本互相对立的双方由冲突变成了合作关系。原本记者自己两眼一抹黑，需要到处寻找新闻线索和采访对象，最后变成当地宣传部门积极配合、协助记者采访报道，使之前各个媒体无序的新闻报道，变成了舆论导向可控的矿难报道。记者在坚持新闻真实性的原则之下，不仅使报道更加客观、可信，而且评论也会更加公正、平衡。这与有些地方遇到矿难等负面事件时调动警力等各种行政资源，千方百计阻挠记者采访，甚至对记者动手、删除报道素材相比，不仅高明，也充满了智慧。实际上，各种真实案例表明，任何阻挠记者采访的行为都是不明智的，也达不到阻止新闻报道的目的，反而可能适得其反，使舆情进一步发酵，对事发当地也更加不利。

案例 2：山西王家岭煤矿透水事故报道

2010 年 3 月 28 日 14 时 30 分许，山西王家岭煤矿发生透水事故，逾百名矿工被困井下。这是自 2007 年 8 月 17 日致使 181 人丧生的山东新泰透水事故以来，我国最严重的一次煤矿安全事故。

事故发生后，中央电视台火速派出大批记者奔赴现场，通过大量直播报道将救援情况的最新进展在第一时间告诉观众。

4 月 5 日，中央电视台新闻频道、综合频道、英语国际频道等分别直播报道山西王家岭煤矿透水事故抢险救援情况，并第一时间报道胡锦涛、温家宝作出重要指示，张德江发来慰问电。包括美国CNN、英国BBC等在内的国内外众多媒体引用直播内容。许多观众和网民称赞新闻频道是了解抢险救援进展的第一窗口。当日，新闻频道从00：28起打破常规编排，至03：32全部贯通，全程直播第一批9名工人获救升井、被送往医院救治的全过程。从11：00开始长达7个多小时，再次全程直播近百名被困人员获救的全过程。当晚，《新闻联播》播发了长达15分钟的报道并配发本台评论。英语频道及时抢发第一批9名工人获救的消息，在每档日播新闻栏目的头条位置实时跟进救援行动进展，并播发了回顾救援全程的新闻短片。

 点 评

积极的信息披露巧妙引导舆论导向

中央电视台新闻频道在山西王家岭煤矿透水事故中的连续直播救援报道，开创了央视对矿难事故的第一次连续直播救援报道。整个新闻频道彻底打开，随时直播、随时更新最新的救援进展。通过电视报道，将矿难救援的进展情况实时播报给观众，既吸引了观众眼球，也牵引着观众的视线。

关注灾难事件是世界各国媒体的普遍做法。日本、美国等西方国家发生地震、飓风、台风等，电视台都会出动直升机全程直播报道。灾难事件，尤其是矿难、自然灾害等事件，涉及人民生命安全，会天然地吸引人们的视线。山西王家岭煤矿透水事故，逾百名矿工被困井下，观众自然牵挂着井下工人们的安危。特别是随着时间流逝，这种对生命的牵挂会更加强烈。

但灾难事件本身就很容易诱发舆情。矿难往往与企业的安全生产管理不善、当地政府的监管失察有着直接或间接的关系，这本身就是舆情。但对山西王家岭煤矿透水事故救援的连续直播报道，把一个灾难事件的焦点聚集在了如何救援上，在客观上减轻了地方政府的舆情压力。

这次救援，最终有115人顺利升井，37人不幸遇难，还有1名人员处于失踪状态。整个搜救工作持续超过15天。现场直播的半岛电视台的记者说，给他印象最深的，就是在现场受到了巨大的震撼。这种震撼，不仅来自这些工人的获救，还来自现场高效的组织。他说，这么多工人获救，转运工作高效、有序、安全，只有中国才能够实现这样高效的组织。万众一心，科学组织，这也是此类救援行动的一个范例。央视连续报道矿难后，当地积极组织救援，使一个负面的矿难事故变成了积极营救矿工的正面报道。

上述案例是恰当地利用媒体，使舆情向有利于自己一方发展的成功案例。但在实际操作中，无论是地方政府部门还是企事业单位，经常出现与媒体交恶的事件，比如，千方百计给前来采访报道的记者设置障碍，甚至大打出手、毁坏记者的采访设备等。

反面案例

案例3：唯利是图的实习生和一味纵容的宣传部门

2021年春运期间，某媒体采访制作了一集对某铁路局的"新春走基层"报道。编辑部主编安排了次日播发这则报道。恰好该铁路局宣传部新闻科的一名职员就在该媒体实习。于是，记者请在该媒体实习的该铁路局宣传部新闻科职员把签字稿递送给这位主编审核。这位实习生在主编下班一个半小时后才去找主编。不出意外，没有找到主编，这位实习生就想将报道交给另一档栏目的主编。记者说，原本已经和这个主编说好了，如果再给另一个主编，以后再想发稿子，怎么向这位主编张嘴？没想到这个实习生当即就矢口否认自己刚刚说过的话，甚至还要与记者对质。

这名实习生不讲诚信、缺少担当也就罢了，还缺乏责任心。在随后处理另一条新闻时，这位实习生不按照记者给的稿子处理，结果出现了常识性错误——把铁路系统内部的"电务段"写成了"玷污断"。

作为铁路局宣传部新闻科的人员，对本职业务不熟悉本不应该。刚刚跟记者说过的话，能面不改色地当场否认，这既是不讲诚信、缺少担当，更是人品问题。这样的人在媒体实习，对其本人和所在单位的声誉都是一种伤害。

同样是这家铁路局的另一名实习生，为了播发本单位的新闻，不仅违反新闻纪律，对记者要求压缩稿子的意见置之不理，甚至在做本铁路局的一组报道的后期编辑时，连续四天上午11点多才到岗，导致本来最多一天就能干完的事，愣是拖到第四天还没处理完，耽误了播发。更为严重的是，为了发本单位的稿，这名实习生竟然制作假新闻，好在被记者及时发现。本着治病救人的态度，记者多次与这位实习生面谈，但其无动于衷。甚至在记者发现实习生制作的失实报道后，这位实习生和她的同事一样，连一句道歉都没有。这位实习生常常把其他铁路局的内容换成自己所在铁路局的内容，导致连续来了几批实习生，都罕见地公开表达不满。这是多年来在这家媒体实习的铁路系统实习生中从没发生过的事。这样实习，不仅影响媒体对实习生本人的观感，也会给实习生所在的铁路局造成不利影响。

而对于自己的实习生出现的一系列问题，该铁路局宣传部没有采取批评教育、及时将员工撤回等补救措施，而是让他们继续在媒体实习。其背后的原因在于：各个铁路局在国铁集团都有发稿量的考核排名。实习生在媒体实习带有发稿任务。但是为了本单位发稿，对于本单位派出的实习生违反新闻纪律，甚至不道德的行为不予制止和补救，对铁路部门的形象本身就是一种伤害。这样的结果，给媒体造成的印象是，铁路局本单位发稿的利益高于媒体利益。没有及时止损，不仅破坏了铁路局宣传部与媒体的关系，破坏了与兄弟局之间的关系，也破坏了与媒体和记者多年的良好合作关系。

（六）实事求是胜过理由充分的辩白

坚持实事求是是危机公关的基本准则。及时将事实真相告诉公众，可以有效避免各种不可控消息的漫天传播，从而迅速引导舆论走向，变被动为主动。

"报道系谣言，并保留向相关人员依法追责的权利。"这样的说法在官方"辟谣"中也很常见，但效果未必好。如果针对的是老百姓，会给公众造成以势压人的感觉；如果针对的是媒体，则会无形中把媒体置于自己的对立面，也给危机处理埋下了一颗随时有可能爆炸的雷。

案例：《筹组三大集团　铁道部政企分开》新闻报道失实风波

2012 年 6 月 16 日，《经济观察报》刊发报道《筹组三大集团　铁道部政企分开》。报道称，铁道部的改革方案将于 10 月份落定，谋划成立三大集团。

此报道发表后，铁道部以激烈言辞回应，声称："此报道纯属造谣，铁道部有关人员将到该报社了解相关情况，并对其谣言可能造成的后果保留依法追究责任的权利。"

在强大的压力下，《经济观察报》于 6 月 25 日在头版刊出《致歉声明》，称《筹组三大集团　铁道部政企分开》文章内容完全失实。同时，该报还对相关责任人分别给予处分，对当事记者予以除名。

2012 年 8 月 29 日，新华网报道称，据新闻出版总署有关负责人介绍，《经济观察报》因连续刊发虚假失实报道，被山东省新闻出版局依法给予行政处罚。

这也是 2012 年度新闻出版总署公布的唯一一件该年度虚假新闻被处罚案例。《新闻记者》杂志将其评为 2012 年十大假新闻。

但新闻界对把这个报道认定为假新闻，也多有保留。比如，《南方都市报》发表名为《铁路系统体制改革，政企分开是成功关键》的评论认为，"铁道部对不实传言及时辟谣是必须的"，但同时强调，"所谓'三大集团'猜想，亦可视为民间呼声的反应"。《第一财经日报》的评论认为，"三大集团说"是"不实的报道与属实的目标"，"最起码，这个方案点出了铁路体制改革的关键之一，即政企分离"。

2013 年 3 月 10 日，改革方案公布，施压的铁道部"没了"，处罚的新闻出版总署也合并了，被辞职的记者温淑萍说："知道这一天会到来，所以我淡定从容。"

没有哪个机构和个人希望出现舆情事件。出现舆情事件后，选择正确的策略予以应对固然重要，但机构负责人如果能够在工作中小心谨慎一些，遵从公共危机发生规律，往往能够避免出现不必要的公关危机。

"表叔"杨达才在重大人身伤亡事件现场面露微笑，但最终引起舆论反弹的是他的不诚实，进而招致网民愤怒，对其挖地三尺，最终使其作茧自缚，但其不合场合的微笑是诱因。

杨达才微笑照片被曝光后，舆论初期还是集中在他不当的"微笑"上，并没有聚焦腐败。其间，虽然也有媒体关注到了杨达才的手表，质疑是否存在腐败问题，但不是特别集中。

《法制日报》《南方都市报》《钱江晚报》《新民晚报》等传统媒体纷纷对微博上关于此事的言论进行摘编报道。其中，《钱江晚报》的报道《车祸现场官员傻笑 网友质问你笑啥》被各大媒体转载超过 140 余次，被凤凰网转载后的点击量超过 16 万人次。作为相对可靠的信息源，传统媒体从微博、论坛等网络平台挖掘新闻材料，经编辑整合后以口语化的标题吸引了公众关注，这成为"微笑表哥"事件在舆情发生初期新闻传播的主要特点。

舆论的力量在一点点酝酿。

2012 年 8 月 29 日，《济南日报》刊文《官员"笑场"可以有 腐败不能有》称，不赞同冷嘲热讽杨达才的笑，但赞同围观并追问杨达才的表。

8 月 31 日，《京华时报》刊文《自证清白难以走出名表门》称，一个已经广受质疑的官员，以其孱弱的公信力，不管是承认还是否认，说真话还是说假话，都难以说服公众相信自己。

其间，杨达才有机会扭转对自己不利的舆论，就是他在微博上主动回应公众的时刻。这是他在舆情危机应对中值得肯定的一面。这次访谈获得了网络上不少的赞誉，一度让名表背后隐藏的腐败疑云偏离了公共舆论场的中心，不再成为舆论焦点。但在访谈中，杨达才说谎激怒了一名微博博主，也激怒了公众。这位博主曝光了杨达才佩戴的手表的品牌和价格等信息，让舆论迅速转向。

杨达才事件水落石出，不少媒体欢呼这是"网络反腐的又一次胜利"。然而，反腐败职能部门能否准确研判网络舆情，及时回应社会关切，主动汲取草根网民、意见领袖、媒体报道等民间智慧和意见，充分发挥互联网在反腐倡廉工作中的正向力量，让反腐公信力在官民良性互动中稳步提升，仍然有待观察。

这也告诉了我们一条底线——可以保留不说的真话，但不要说假话。

（七）少说多做，不动声色地刷存在感

少说多做，仍然是遇到潜在舆情或者已经发生的舆情时，应对的通行法则。这也是涉事机构既实用又聪明的选择。特别是在涉及的事件还不明朗或者很敏感的时候，以及有关方面不便回答、不好回复的时候，少说多做，不动声色地刷存在感不失为一种既不违反原则、违反纪律，又能巧妙回应的有效方法。这样，也避免了完全沉默带来的种种猜测。但对属于政府信息公开范畴的信息，采取这样的方式处理就涉嫌违反规定了。

在涉事人员违法犯罪事实没有得到司法认定的前提下，急于"澄清""辟谣"并不是维护单位和领导声誉的最优选择——有些舆情事件，与其"澄清""辟谣"，不如有意给涉事人物安排一些公开活动，通过媒体宣传报道相关人物的活动，间接证明涉事人员目前还没有被查出传言中的违法乱纪行为。这样也避免了新闻发言人或者单位在未掌握某位新闻人物的违法犯罪事实时，盲目地"澄清"。广东方面针对省政协主席朱明国近 80 天未公开露面出现的舆情处置就是成功的案例。

案例：广东省政协巧妙规避辟谣

本书《三、一旦发生舆情　应该如何应对》之《（三）不要急于"辟谣"，让子弹飞一会儿》中的案例 1"朱明国疑似被立案调查传言"有本案例的详述。

2014年6月2日，多家港媒报道，广东省政协主席朱明国近80天未公开露面，传其遭立案调查。翌日（6月3日），广东省政协方面利用本地媒体打出了一套"组合拳"。

2014年6月4日，《南方日报》在封面导读中有"朱明国在本报发表署名文章"的标题提示。

当天晚间，《广州日报》在网上发布"即时消息"：政协第十一届广东省委员会第十四次主席会议6月3日在广州召开。受在北京学习的省政协主席朱明国的委托，副主席梁伟发主持会议。此后，网稿中的"在北京学习"被进一步细化为"正在中央党校学习"。

 点 评

避开不确定因素，通过官方媒体刷涉事人员的存在感

上述媒体的一系列报道，其实是广东官方的一系列"辟谣"动作。针对省政协主席朱明国近80天未公开露面的舆情，在纪检部门还没有明确朱明国是否被立案调查的情况下，广东方面通过官方媒体刷涉事人员的存在感，既没承认也没否认朱明国涉嫌贪腐被立案调查，巧妙地回避了锋芒，避开了舆论旋涡。

这样的做法值得借鉴。

（八）借助舆论，获取发声机会，掌握舆论发声主导权
或争取获得舆论同情

借助舆论，既不是简单地打悲情牌，也不是借助网络"水军"一边倒地替自己说话，而是恰当地、科学地利用舆论的特点和规律，让舆情向着有利于己方的方向转化。

"舆论"在传统意义上指的是在传统媒体发表的公众意见，但随着互联网的快速发展，舆论扩展到了网络空间。

借助舆论支持，主要是借助传统的主流媒体和互联网两方面力量。对于机构而言，借助传统的主流媒体的舆论支持可能更有效率，也更有公信力。但在当今社会，由于借助传统的主流媒体支持门槛较高，不是每个老百姓都能做到的，所以越来越多的个体更多地选择借助网络发声。由于个体发声具有不可控、无序状态等特征，也使得舆论把控很困难。但舆情走向往往能反映真实的、来自老百姓的心声。

1. 争取主流舆论的支持

当前，无论是在中国还是世界其他国家，传统的主流媒体依然是最主要的影响主流舆论的媒介。这些媒体具有公信力，所以重大的政策、影响广泛的事件大多也是主流媒体发布的。传统的主流媒体记者，其专业性远远强于社会公众。也就是说，传统的主流媒体能引导主流社会的舆论导向。所以，世界各国政府、企业和机构，包括个体，仍然把借助传统媒体的舆论支持作为首选。能获得传统的主流媒体的支持、同情，在舆情发生后往往能更迅速地改变被动局面。

2. 重视互联网尤其是新媒体的作用

传统的主流媒体具有更强的官方色彩，所以报道的规矩多、程序多、门槛高。普通老百姓在无法获得主流媒体报道的支持后，更多的是转而寻求互联网尤其是其中的新媒体的支持。由于新媒体的草根性，有时反而更能影响网络舆论走向。

国内新媒体代表有微博、知乎、抖音等互联网平台。伴随网络社交的兴起，一些政府机构也纷纷注册微博账号，出现了各种政务微博账号。一些企业也注册了相应的微博账号。后来，微信兴起，又随之出现了政务和企业微信公众号。

后来，虽然搜狐、新浪等推出视频软件，包括西瓜视频等，但基本是以传播有版权的文艺作品为主，社交功能较弱。随着数字压缩技术的发展，视频网站越来越受到公众重视，小红书、快手、抖音等迅速崛起。这些视频 App 不同于以往的社交媒体，也不同于视频网站。新的视频 App 除了保留以往的发布有版权的文艺作品的传统外，更多的是发布注册用户自己的所见所闻所感。比如，优美壮美的风景，遇到的突发事件、有趣的事件，自编自导自演的、搞笑的视频、短剧等。此外，用户还能对最新发生的热点事件发表评论。有的用户的账号纯粹是自己或者别人生活的记录，比如，自己孩子成长的点点滴滴、宠物的有趣事情等。这些视频更接地气，也更能吸引粉丝。视频发布者除了普通百姓，还有记者、文人、理工技术大咖，也有文化传媒公司、企事业单位，甚至政府部门也占据了一席之地。随着用户的增多，视频 App 的影响力也日渐扩大，其中一些用户在平台上成为"意见领袖"。

由于新媒体的草根特性，使之更能在舆情战中获得网民的认同，从而更能吸引公众的注意力。其中一支不可小觑的舆论力量是"标题党"。他们往往通过唬人的标题吸引读者和观众，虽然很多标题都言过其实，甚至根本就是哗众取宠，但总能吸引一部分人的关注。这些新媒体对舆论的影响力日益增强，甚至在一定程度上与传统媒体分庭抗礼。于是，人民日报、新华社、中央电视台、经济日报等中央级媒体，以及各地纸媒、广播电视等主流媒体也纷纷进入新媒体的舆论场域，打造新媒体平台中的主流舆论"国家队"，它们通过网络发声，改变了网上的舆论力量对比，进而取得了网上舆论工作的主动权、主导权。

（九）沉着冷静，不要自乱阵脚

对于正规的机构而言，谁也不愿意发生舆情事件，可一旦发生了就要冷静面对。越是出现意外状况，人越容易慌乱，越慌乱就越容易出错。在这个时候，机构如果处置不当，很可能不仅不能及时避免舆情扩大化、成为众矢之的，甚至会由于自乱阵脚而昏着儿频出。这时候，一点儿不经意的口误或者瑕疵都可能被媒体放大。

危机公关切忌把话说得太满，也不要轻易做没有把握的承诺。否则如果实现不了，反而会令公众更加愤怒。所以，面对危机事件，首先需要的就是沉着冷静，而不是自乱阵脚。即所谓临危不惧，处乱不惊。

案例：歌手孙楠突然退赛，主持人现场机智应对

2015年3月27日晚，湖南卫视《我是歌手》第三季总决赛直播现场，当主持人汪涵准备公布首轮竞演被淘汰歌手时，七位歌手中的六位都在平静地等待结果，此时孙楠举手对汪涵示意"有话要说"。随后他从口袋里掏出一张写好的文稿，语气诚恳地念起来。孙楠表示，自己是这季歌手里面年龄最大的哥哥。他想让弟弟妹妹们继续向歌王冲刺，所以决定放弃最后一轮的歌王争夺。

主持人汪涵机智救场，化解了突发事件，保证了直播继续进行。

点 评

冷静应对，撇清责任

孙楠突然退赛，这对电视直播节目来说是一场严重的事故。如果处置不当，不仅会形成负面舆情，甚至会影响节目后续的直播。面对危机的发生，汪涵可以选择要求导播切换画面或者插播广告，将责任推给导演和幕后。但他选择在第一时间站出来，勇敢地面对突发事件，化解了这场危机，保证了直播顺利进行。

1. 迅速应对，撇清湖南卫视的责任

孙楠突然退赛，直接打乱了直播的节奏。面对这样的突发事件，直播团队很可能手忙脚乱。下一步该怎么做？终止直播显然不可能，但需要赶紧拿出应对措施。

在孙楠读完退赛声明后，汪涵问孙楠："楠哥，我特别想问一下，您说的话应该是您此时所想所感，都是您拿定主意之后的观点？"言外之意是，孙楠退赛与湖南卫视无关，这不是湖南卫视有意炒作，而是突发事件。孙楠是在节目组不知情的情况下，单方面宣布退赛。这样做，既避免了湖南卫视被孙楠退赛带了节奏，也避免节目组为孙楠退赛承担责任。

接下来，汪涵说："请导播给我准备3到5分钟的广告时间。谢谢！我待会儿要用。"危机发生的时候，也是企业内部最容易混乱的时候，此时插播广告，为直播团队争取了3到5分钟的广告时间来想应对的策略。

2. 说话留有余地

"接下来我要说的这段话有可能只代表我个人的观点，而不代表湖南卫视的立场。"

"但是说实话，我的内心一点儿都不害怕，因为一个成功的节目有两个密不可分的主体，除了这个舞台上的七位歌手之外，还有电视机前的亿万观众和现场的众多观众。"

孙楠退赛，最直接的受害者是谁？是千里迢迢来到现场的和电视机前的观众。观众的诉求是什么？当然是希望看一场高质量的精彩节目。汪涵的话，表达了电视台对观众切身利益的尊重，也是赢得观众同情的手段。

"我之所以不害怕，是因为你们还真诚地踏踏实实地坐在我的面前，我还可以从各位期待的眼神当中读到你们对接下来每一位要上场的歌手，他们即将演唱歌曲的那一份期许。"

汪涵这段话将观众从孙楠退赛的失望情绪中引向对其他6位歌手的期待。换句话说，没有孙楠，节目照样精彩！这份在突发事件面前的沉着冷静，既稳住了导演组及其他演职人员，也稳住了现场和电视机前的观众。

"当然，我们在这里提出一个希望和请求，就是希望您（孙楠）以一个观众的身份继续坐在这个地方，来看你最爱的弟弟妹妹们向歌王的舞台进军。我也相信我们现场的500位大众评审已经做好了准备，用掌声来接纳这位不期而至的观众。不信你听。"

汪涵这样的处理，显示出湖南卫视的大度，也给了孙楠一个台阶。

3. 及时留住观众

随后，汪涵又开始吸引观众的注意力："各位亲爱的观众朋友，真的千万不要走开。还是那句话，真正精彩的时候，或许会从广告之后才开始。马上回来！"

一场意想不到的危机事件，就在主持人的沉着冷静和温情的言辞中被化解了。

（十）重视"意见领袖"的导向作用

"意见领袖"作为知识构成相对专业、思想观点较为理性的意见群体，在舆情事件中常能起到关键作用。有的"意见领袖"甚至能"呼风唤雨"，引导草根网民的舆论态度和社会的舆论走向。无论是激进的还是相对审慎的"意见领袖"，在粉丝中的影响力都不可小觑。女作家六六怼某东，某东由强势硬怼转变为妥协，就在于六六作为一位女作家，有巨大的粉丝支持，且其本身是有理的一方。"表哥"杨达才事件之所以出现逆转，就在于其在本来表现不错的微博直播中说谎，激怒了网络红人——鉴表专家"花总丢了金箍棒"，导致其将杨达才的名贵手表——曝光，使原本逐渐平息的舆情突然反转，最终使杨达才"翻车"。

案例：鉴表专家"花总丢了金箍棒"

2009年，鉴表专家"花总丢了金箍棒"搜寻了1万多张官员出席活动的戴表照，并向网友公布了疑似名表的款式和价格。很可能早在这个时候，酷爱手表的杨达才就已经进入了"花总丢了金箍棒"的视野，只是"花总丢了金箍棒"没有发布而已。

在杨达才微博回应之前，"花总丢了金箍棒"就不断收到其他网友的提醒，甚至接到新浪高层关于如何引导舆论的咨询电话。由于对其他人最初曝光的手表作出了"一线不多，基本二线，且多为基本款，如都为真货，低估在 20 万元内"的判断，他被有些网友批评是在"为狗官说话"。对此，"花总丢了金箍棒"认为，鉴表的原则是"有一说一，抹黑没啥意思"。

2012 年 8 月 31 日 21 时 30 分，"花总丢了金箍棒"出现在央视《新闻 1 十 1》节目《局长的"微笑"局长的"表"》中。他在接受媒体采访时透露，节目播出后，不少网友向他祝贺，并称呼他为"英雄"。他表示："狂风之中，每个人都是一片枯叶，杨达才是，我是，网友也是。"此外，他还再次重申了理性的价值：不能以谎言打击谎言，戴表和腐败也没有必然的联系。他表示："这个事情的'七寸'在于官员说谎，最大的'七寸'在于财产不公开。微博反腐只是制度反腐的补充，如果不能推动官员财产公开，信任危机只会扩大；如果没有制度反腐，微博反腐也将变得毫无意义。"

对于这位"意见领袖"的反思，中南财经政法大学教授乔新生评论称，"花总丢了金箍棒"拥有一大批支持者，在广受推崇的同时能保持如此清醒的头脑，难能可贵。他还建议，网络反腐要保持理性，不能听风就是雨，把未经核实的信息当作嫌疑人的罪证。

 点　评

弄巧成拙，谎言激怒大 V 发声

杨达才"微笑门"事件之所以逐渐发酵，并最终将杨达才送进监狱，与杨达才说谎有直接关系。

原本杨达才在微博直播中回答网友的提问时，13 次回复中有 6 次向网友致歉，获得了不少赞誉，舆论有所转向。但仅仅因为他的不坦诚，就让"剧情"迅速反转。杨达才表示，5块手表是自己用10年来的合法收入购买的，最贵的一块是3.5万元。虽然他也表示，作为公务人员，被网友监督是合理的、正常的，但网民们并不买账。于是，舆情迅速朝着不利于杨达才的方向转化。

其实此前已经有网友希望"花总丢了金箍棒"披露杨达才的手表问题，但他并没有马上采取行动。"花总丢了金箍棒"表示，是杨达才的谎言直接促使他将之前积累的其他手表逐一曝光。舆情随之愈演愈烈，网络媒体和官方媒体纷纷加入对该事件的追踪行列。一个不合时宜的微笑，特别是当事人说谎，激怒了公众，直接演变成对杨达才所戴各种手表的曝光。

这件事也从侧面显示了"意见领袖"的影响力之大。各种声音被事件裹挟着，并不断发酵，使"意见领袖"很难置身事外。"花总丢了金箍棒"表示，在曝光过程中，他有一种被舆论推着走的感觉。其间不断有人邀请他，若不接受，就有可能受到严厉谴责——"为什么背叛了我们？"他在事后也有诸多困惑——这是正义，还是以正义之名的暴力狂欢？会不会误伤？自己是不是不自觉地沦为了一颗转移舆论的棋子？

在互联网中，"意见领袖"的作用十分明显。这些人的观点、意见，会通过其粉丝直接或者间接影响公众的情绪和判断。近年来出现的网络"水军"，就是利用了意见领袖的导向作用扩大特定话题或者事件的影响力。网络"水军"通常简称"水军"，又名网络"枪手"，是在网络中针对特定内容发布特定信息的、被雇佣的网络写手。他们通常活跃在电子商务网站、论坛、微博等社交网络平台中。网络"水军"一般伪装成普通网民或消费者，通过发布、回复和传播帖子等方式对正常用户产生影响。他们针对某个事件，在网络上不断发表意见，利用其在网络中的"意见领袖"的地位，并配合以众多账号随声附和，形成貌似真实的网络民意，进而引导甚至左右公众对事件的判断。很多明星就是通过网络"水军"扩大影响力，从而影响网络投票的。比如，评论说某明星漂亮、好看的人越多，越来越多的人就会认为她漂亮、好看。这一现象也被称为"回音室效应"。某社群中频繁互动的成员就像处在一个回音室中，相似的声音会被放大并趋向极端。但由于网络"水军"是利用众多账号，以营利为目的的有偿炒作、有偿删帖，甚至实施敲诈勒索活动，所以无法保证言论的客观公正。但由于其隐蔽性较强，所以成为游走在网络空间灰色地带的一种特殊力量。

舆情监测发现，媒体人和律师这两类"意见领袖"经常成为网上的"议程设置"者。一方面，他们是舆论监督力量中的专业力量，维护司法公正；另一方面，其中一些人也显得好勇斗狠，有违新闻专业精神，有违法律专业精神。但其在网络上"呼风唤雨"的巨大影响力常常会左右舆论的走向。

争取好评的捷径是争取最先的好评。如果群体中一开始就有人认为某人好看，整个小组的人就会越来越认为这个人美丽动人。

（十一）危机公关中需要把握的人际关系的几个重要原则

1. 重视"同情弱者效应"

人们是否接受某信息，往往受很多非理性因素的影响。比如，人们倾向于相信负面的消息、多次重复的消息、形象生动有趣的消息、能惊吓或激怒人的信息等。

奔驰女车主、特斯拉女车主之所以引起广泛关注，离不开以下两个因素：第一，与汽车生产厂家相比，车主往往被公众认为处于弱势地位；第二，女性在人们印象中也往往处于弱势一方。在特斯拉车主维权事件中，保安把女车主抬下来的照片，给人以恃强凌弱的印象，于是一下子就激起了公众对弱者的同情，导致事态迅速发酵——公众一边倒地同情女车主。这也是导致公众情绪、监管机构和媒体迅速站在消费者角度发声的主要因素。

对同一事件不同的叙事视角，也会带来不同的效果：从受害者角度描述与从施害者角度描述，所传递出的信息观感有很大差别。即使对同一素材的描述采用不同的叙述结构，也会产生不一样的效果。此外，语言风格、感情色彩等也能影响报道的效果。

所以，在处置舆情事件和进行危机公关时，需要注意两点：一是无论自己对还是错，都尽量不要摆出强势姿态，不用强势的语言、行为对待对方，以避免事态升级；二是如果自己就是对方无理取闹或被要挟的对象，也可以权衡利弊，考虑是否公开必要的证据资料，向公众表明自己受害者的立场。这样做，有利于转变舆情走向，使事件向有利于自己利益的方向发展。

在实际操作中，有的机构还会利用"水军"来改变舆论环境。

但无论采取哪种应对方式，都不建议违背事实，尤其在利用"水军"时，更应注意这一点。俗话说，要想人不知，除非己莫为。一旦被发现采取了不正当手段来处置舆情，就会引起公众的反感，甚至导致前功尽弃。

2.了解"坏消息法则"

俗话说，"好事不出门，坏事传千里"。坏消息总比好消息传播得快。你告诉大家一个有关某熟人的好消息，知道好消息的人最多告诉两三个人就不再提了；但如果你告诉他们一个有关那位熟人的坏消息，哪怕是不起眼的坏消息，接到这个消息的人也会很快将它告诉给相熟的大部分人。"恨人有，笑人无"的心态和做法虽然令人不齿，但总会潜移默化地在人际交往中发挥作用，甚至无时无刻不在我们身边出现。

有学者指出，人们之所以更加容易关注负面新闻，是因为人类在漫长的演化过程中，常常会面对恶劣的甚至随时有可能威胁生命安全的生存环境。久而久之，人类便逐渐拥有了超强的危险感知能力。而"坏消息"往往意味着危险，所以也更容易引起人们的警觉和关注。在日常生活中，大自然的生存规律同样在起作用。社会中的弱势群体，他们的焦虑感和不安全感一般会更加强烈，对危险信息也更加敏感。所以，危机预防比危机应对更重要。

3. 注重正反两方面意见传播

从传播学规律来看，向公众提供同一事件多方面的信息更容易给公众以公正的印象，能使自己的阐述更易获得公众认可和接受。对同一公众事件，既说其中的缺点，也说其中的优点，不仅有助于平息公众的负面情绪，还有可能争取到公众的同情。

一旦出现公共危机事件，最好的办法是就事论事，通过提供简单清晰的事实来引导公众的注意力和情绪。阐述事实时，要兼顾正反两方面，既陈述事实，也要指出自身存在的不足或者疏忽、失误，避免单纯强调有利于自己一方的理由，从而引起公众反感。

4. 留有余地原则

俗话说"穷寇莫追"，也就是"别得理不让人"。

无论是个人还是机构，其在公众心目中的形象和品牌美誉度一旦树立起来，要否定它就会十分困难。就如演员一样，一旦出现对该演员的负面评价，其粉丝就会群起而攻之。但粉丝常常会走两个极端：一是不接受对该演员的任何批评，这方面有点像鸵鸟。这是由于一旦成为某个演员的粉丝，往往黏性很强，对该演员有很高的忠诚度。二是一旦发现该演员有瑕疵，则该演员在其心目中的高大完美形象会瞬间崩塌，粉丝态度就会出现180度的大转变。

但对机构和企业来说，粉丝一般很难有对某位演员那么高的忠诚度。因为机构和企业不是个体，缺少感情因素。公众与某一机构或企业之间大多是管理与被管理、服务与被服务的关系。在这种关系之中，感情因素不是决定性的因素，而且公众在这种关系下，往往会带着审视的眼光与之打交道。比如，某家企业的产品质量一直不错，公众作为消费者，会长期购买或使用该企业的产品。但一旦产品出现质量问题，则会迅速发出批评的声音，丝毫不会客气。同样，如果某一机构或企业的品牌形象过于完美，反而有可能会成为"定时炸弹"——一点瑕疵就有可能引爆负面舆论，引发公共危机。因而，正面形象和美誉度的树立、宣传，不宜过度，要适当留有余地。否则，过于绝对的模范和完美，等于在公众面前树立了一个靶子。

5. 避免激起"罗密欧与朱丽叶效应"

这个心理学效应来源于莎士比亚创作的著名戏剧《罗密欧与朱丽叶》。

在莎士比亚的经典名剧《罗密欧与朱丽叶》中，罗密欧与朱丽叶相爱，但由于双方家庭是世仇，他们的爱情遭到了双方家族的极力反对。但这样做，往往适得其反，不仅没能阻止他们的恋爱关系，反而推动了双方的爱情，使他们爱得更深，直至殉情。心理学家德斯考尔等人研究发现，在一定范围内，如果出现干扰恋爱双方爱情关系的外在力量，恋爱双方的情感反而会更强烈，恋爱关系也因此会变得更加牢固。这种现象被称为"罗密欧与朱丽叶效应"。

在现实生活中常常会遇到这样的情况：你越想隐瞒一些事情或信息，不让别人知道，越会引来他人更大的兴趣和关注。人们对你隐瞒的东西充满好奇和窥探的欲望，甚至会千方百计通过别的渠道试图获得这些信息。而一旦这些信息突破你的掌控，进入了传播领域，会因为它所具有的"神秘"色彩被许多人争相获取，并产生一传十、十传百的效果，从而与你隐瞒该信息的初衷背道而驰。这一逆反心理现象被称作传播中的"罗密欧与朱丽叶效应"：一些事物因为被禁止，反而更加吸引人们的注意，使更多的人参与或关注。这从心理学角度解释了，遇到舆情事件，与其捂着盖着，不如让信息透明。丰县几次关于生育八孩女子的官方信息发布之所以"翻车"，原因之一就是政府始终没有把事件的真实情况披露出来，导致每发布一次信息就被网民质疑一次，最终使官方的权威性消耗殆尽。而以疫情防控的理由将涉事村庄与外界隔绝，无论是普通百姓还是记者都无法进村，则加剧了舆情发酵，使影响更加负面。

心理学家认为，如果在交流中过分强调己方的意见，就会引起对方的心里不适，对方就会本能地产生逆反心理。

（1）禁止某人做某事，会让人产生逆反心理。越是禁止，效果反而适得其反。就像青少年谈恋爱，生硬禁止的结果，反而是使其产生逆反心理。原本不坚定甚至犹豫的感情，可能因为禁止，反而让双方走到一起，真的谈起了恋爱。这在生活中屡见不鲜。

（2）好奇心也可以产生逆反心理。越是禁止的，人们越是好奇。有一句谚语"禁果格外甜"，就是这个道理。

（3）过分夸张和言过其实也会让人产生逆反心理。如果个人和机构在解决危机时过多使用空泛的大话套话，也很容易引起公众的逆反心理。

"罗密欧与朱丽叶效应"就是逆反心理的一种表现，也是网络舆情应对中常见的现象。正确运用这一心理效应，可以有效避免不必要的危机。也就是说，避免过分限制某些信息的传播，要适当地释放一些信息，否则容易激起更多人传播这些信息的欲望。阻止谣言的传播往往让谣言传播得更快。

公众之所以传播某些消息，往往并不是因为他们相信这个消息，而仅仅是他们"想打破对自己自由感的限制"的逆反心理在起作用。

6. 高度重视具有较大社会影响力的群体

这部分与本节"（十）重视'意见领袖'的导向作用"部分重合，之所以再次单独讨论，是因为这个群体在舆情中发挥着特殊重要的作用，而且在舆情事件中的作用越来越明显。

在互联网时代，网络"大 V"、"意见领袖"、名人、记者、知名的专家学者等人士的影响力往往超乎寻常。以往的广告代言经常是请影视明星、名人，但随着互联网的日益普及，一些机构开始倾向于寻找粉丝数量较高的"网红"

来做代言人。无论是企业还是事业单位，甚至政府机构都在积极寻求与网络明星的合作。如果政府官员能成为网红，也会通过网络扩大自己本职工作的影响力，推介自己的城市、家乡的土特产等。

2020 年，一条抖音视频迅速走红。视频里一位年轻女子一袭红袍，在雪花纷飞的茫茫雪原上驭马奔腾，颇有一股武侠作品中的女侠风范。她就是新疆伊犁哈萨克自治州昭苏县副县长贺娇龙。贺娇龙拍这段视频是为了宣传推介当地旅游业，为昭苏县的冰雪旅游景点代言。没想到，这段短视频登上了抖音实时热点榜，也带火了昭苏冬季游。

据人民网 2021 年 4 月 13 日消息，曾经因策马雪原而走红网络的昭苏县副县长贺娇龙已履新伊犁州文旅局党组成员、副局长。这也说明，在互联网时代，"网红"对产品推介的重要性。

如果说贺娇龙是靠着策马雪原而走红网络，那么许多网络大 V、"意见领袖"、名人、记者、知名专家学者等在互联网中比较活跃的人士，则是由于多年耕耘互联网才逐渐形成了较大的影响力。

但有些机构却犯下了一些很低级的错误。比较典型的就是 2021 年周某赟等两位律师被辽宁省盘锦警方以寻衅滋事罪抓捕并限制居住事件。网民在互联网上披露此事后，迅速引起了一场轩然大波。

案例：周某赟等两位律师被辽宁省盘锦警方以寻衅滋事罪抓捕并限制居住事件

2021 年 7 月 30 日中午，广东省律师周某赟在广州租住的房屋楼下吃饭时，被辽宁省盘锦警方带走，并于当晚被押至盘锦。周某赟被带走时还穿着拖鞋，他本人对此感到很意外。

据《红星新闻》报道，8 月 2 日下午 4 点左右，盘锦警方在当地派出所的配合下来到另一位律师聂某位于北京的家中，以传唤名义将其带走，并带走了聂某参与盘锦案件的卷宗。

两位律师被指定监视居住。

周某赟的一名亲属称，自己在 7 月 31 日晚上接到一个手机号码打来的电话，自称是盘锦的警察。对方告诉她，周某赟已被指定监视居住，要其通知房东并处理好周某赟的个人物品。"第二天，（对方通过）微信给我发来了指定居所监视居住的通知书，抬头是盘锦市公安局大洼分局。"这名亲属说。

8 月 5 日，盘锦市公安局微博账号发布《警情通报》称：近日，盘锦公安机关在办理滕某荣涉恶犯罪集团案件中，发现滕某荣之子滕某寒与律师聂某、周某赟共同策划，由聂某提供素材、滕某寒提供报酬给周某赟，由周某赟在境内外互联网上发布散播编造的虚假信息，三人的行为均已触犯《中华人民共和国刑法》第二百九十三条之规定，涉嫌寻衅滋事罪。目前，此案正在进一步侦办中。

点 评

禁不住法律检验的"执法"

盘锦警方在此事的处置上存在明显瑕疵。

第一，律师周某赟个人有很大的影响力。

周某赟是知名的前媒体人。公开信息显示，周某赟曾任《南方周末》记者、《南方都市报》评论部首席编辑，后转型为专职律师，专注经济犯罪辩护。自2011年以来，周某赟通过网络平台，先后揭露了"中石化天价酒事件""卢美美父女中非希望工程事件""重庆国际小姐选美黑幕""铁道部12306订票网站亿元合同""中华儿慈会48亿元巨款神秘消失""江苏宿迁外籍人士当县长"等众多有广泛影响力的事件。现为广州执业律师。

同样被带走的北京律师聂某影响力也不低。她擅长打民事官司，曾经代表泰和友联同艺人李亚鹏打了一场民事官司，李亚鹏败诉，令人印象深刻。

对这样社会影响力巨大的公众人物采取法律行动要慎之又慎。特别是周某赟律师曾经在媒体耕耘多年，参与了一系列有影响力的报道，媒体工作经验非常丰富。要对这样的人物采取拘留、监视居住等法律措施，没有足够的把握不应该草率行事，否则极容易引发舆情。事实上，跨省抓捕周某赟律师事件迅速引发了网络舆情，特别是律师们纷纷发表专业意见，质疑盘锦警方抓捕的合法性。

第二，警方、被抓捕方与案件存在利害关系。

周某赟和聂某都参与了滕某荣涉恶犯罪案件的辩护。案件庭审中，出庭公诉的孙姓检察官曝出了雷言雷语——"收受贿赂不办事，说明保证了道德底线""笔录时间和同步录音录像时间不一致，证明了侦查人员工作的严谨性"等。周某赟曾将该案的庭审视频发到网络上。这些雷人言论经过庭审公开网发布后雷倒众人，引发社会广泛关注。

这样的抓捕，无论盘锦警方怎么解释，也难以摆脱对辩护律师打击报复的嫌疑。

第三，盘锦警方的抓捕存在不少法律漏洞。

周某赟是在律师执业过程中被其代理案件所在地的公安民警抓获，程序明显违法。

律师当然也有可能构成犯罪，至于周某赟律师是否实施了寻衅滋事行为，是否构成犯罪，有待司法判决。但盘锦公安公然违反《中华人民共和国刑事诉讼法》关于管辖权的规定，执法犯法是确定无疑的。

《中华人民共和国刑事诉讼法》第四十二条明确规定："辩护人或者其他任何人，不得帮助犯罪嫌疑人、被告人隐匿、毁灭、伪造证据或者串供，不得威胁、引诱证人作伪证以及进行其他干扰司法机关诉讼活动的行为。违反前款规定的，应当依法追究法律责任，辩护人涉嫌犯罪的，应当由办理辩护人所承办案件的侦查机关以外的侦查机关办理。辩护人是律师的，应当及时通知其所在的律师事务所或者所属的律师协会。"

该条款又被称为"李庄条款"，源于2009年北京律师李庄在重庆代理龚刚模涉黑案时，重庆警方以涉嫌妨害作证罪将李庄抓捕。"办案机关抓办当地案件的律师"，引起法学界的批判。后来，在刑事诉讼法的修订过程中，为了防止此类案件再次发生，加入了该条款。

在本案中，周某赟律师正在代理的滕某涉恶犯罪案的侦查机关是盘锦市公安局大洼公安分局，周某赟是滕某的辩护律师。现在认为辩护律师周某赟有犯罪行为，而抓捕周某赟律师的恰恰是盘锦市公安局大洼分局。根据《中华人民共和国刑事诉讼法》的规定，大洼分局理应回避，应当由盘锦市公安局大洼分局以外的其他侦查机关办理。

周某赟律师此前独居广州，警方电话通知的家属是其在杭州工作的妹妹。周某赟被带走时，留下一张字条给自己的房东，让其通知他执业的广强律师事务所。这张字条却被警察收走了，以致广强律师事务所一直不知道他被抓了。抓走犯罪嫌疑人，还剥夺犯罪嫌疑人通知其所供职的律师事务所的权利，无论从哪个角度讲都存在法律瑕疵。即使是秘密抓捕，也不能擅自剥夺当事人"通知其相关亲属或单位"的权利吧？

盘锦警方带走聂某时，把聂某参与的上述盘锦案件的卷宗一并带走了。而周某赟和聂某都参与了上述案件。这样，如果公众怀疑盘锦警方抓人与这个案子有关，盘锦警方百口莫辩。一位自称是周某赟师弟的人用了一个带有黑色幽默意味的表述："台下何人，状告本官？"这无法不引起公众的联想。

对于盘锦警方对周某赟律师采取指定居所监视居住措施，法律界人士提出了质疑。《中华人民共和国刑事诉讼法》第七十三条明确规定：监视居住应当在犯罪嫌疑人、被告人的住处执行；无固定住处的，可以在指定的居所执行。对于涉嫌危害国家安全犯罪、恐怖活动犯罪、特别重大贿赂犯罪，在住处执行可能有碍侦查的，经上一级人民检察院或者公安机关批准，也可以在指定的居所执行。但是，不得在羁押场所、专门的办案场所执行。

周某赟在广州有住所，网络发帖涉嫌寻衅滋事，不涉及《中华人民共和国刑事诉讼法》第七十三条明确规定的几种重大犯罪行为，是否有必要将其从广州抓到盘锦，然后在酒店执行监视居住？盘锦警方的这种做法，让人联想起当年的重庆打黑——不少案子先定罪抓人，秘密关起来再找证据。

抓捕周某赟律师时，缺少对人的尊重。周某赟律师是穿着拖鞋被抓走的。之所以发现他被抓，是因为网友们几天都没有在群里见到周某赟律师发言。经过多方寻找，最终才得知其被抓。周某赟正在做辩护律师的盘锦案子的当事人滕某荣就遭遇了9个月见不到律师的问题。而周某赟的律师在盘锦当地要求会见当事人周某赟，却被警方以防疫为由拒绝；律师提出通过视频会见，又说视频设备在调试中；其间，警方甚至劝说律师先回去。最终引发舆论攻击——很快引发了媒体圈和律师圈的关注，一些记者或律师开始发文。无论是否是迫于全国的舆论压力，还是确实已经调试好了视频设备，最终警方同意了律师会见周某赟。2021年8月7日晚间，周某赟的辩护律师赵某告诉《财经》记者，经过连续向相关部门投诉，他终于在8月7日下午与当事人进行了视频会见。

令盘锦警方没想到的是，周某赟的大学师弟从一个更能打动人心的角度变相质疑盘锦警方抓捕周某赟事件，就是关心师兄周某赟养的猫。因为周某赟律师是在外面吃饭时穿着拖鞋被抓走的。被抓6天后，在朋友们的帮助下，他养的猫最终由可靠的人照料。

案 例 来 源

①财经.是谁扳倒了程维高？.（2003-08-22）https://news.sohu.com/87/22/news212392287.shtml.

②中国经营网.西安奔驰女车主"大闹"4S店的背后：漏油的奔驰车、官司缠身的西安利之星.（2019-04-13）http://www.cb.com.cn/index/show/zj/cv/cv13446381268.

③人民日报.坐引擎盖上维权的女车主与奔驰和解，这事完了吗？.（2019-04-17）https://baijiahao.baidu.com/s？id=1631020671865909941&wfr=spider&for=pc.

四、如何与记者打交道

如何与记者打交道在《三、一旦发生舆情，应该如何应对》之（五）《积极配合媒体比与媒体记者对抗、交恶更有利》中有详细的论述。之所以再单独拿出来探讨，是因为在当今社会舆论场，传统媒体依然占据着话语主动权。处理好与记者、与媒体的关系，依然在相当程度上决定着舆情的走向。

如何与记者打交道是公共关系中的一门学问，也需要一定的技巧。近年来，我国引入了西方的新闻发言人制度，使信息披露、答记者问更加规范。这是中国社会政治文明的一个巨大进步。特别是政府部门主动提供相关政务及民众关心的其他信息，都极大地提高了执政透明度。尤其是2003年"非典"时期，建立起了信息公开的制度，不仅使公众的知情权得到进一步扩大，而且对政府执政能力和执政水平的提升也是一种督促和激励。一旦政府部门无端隐瞒公共信息，还有可能被依法追究责任。

但在实际操作中，仍然有一些官员的官本位意识严重，存在居官自傲，敷衍、应付媒体的问题，对尖锐问题存在对抗心理。导致有的话被记者曝光后，迅速演变成舆情事件。这就提醒各类领导，在公开场合说话要注意分寸，不能信口开河，否则一旦被记者曝光，就很容易陷入被动。在各种社交软件被广泛使用的今天，即使没有被记者曝光，被老百姓传到社交平台上，也容易形成舆情事件。

因此也提醒官员们，在公开场合说话时，要时时考虑这样一个问题：一旦被记者报道出去会是什么结果？这也引出了另外一个问题：如何与记者打交道。

（一）坦诚开放、积极配合、实事求是

报道新闻事件，是记者的职责所系。实事求是，是对新闻报道的基本要求，也是记者的职业道德要求。所以，在新闻采访中，追求事实、忠于事实，是记者的使命使然。而且一般来说，记者的报道都是相关选题事先已获得主管部门批准的职务行为。一旦选题被批准，作为职务行为，记者一般不会擅自终止报道，除非发现失实或其他不得不停止采访的因素。所以，无论被采访报道的一方是否配合报道，记者都要履行自己的职务行为。也就是说，在这种情况下，你是否配合报道都不会影响记者采访报道行为的实施。无论是涉及正面还是负面事件的报道，与其拒绝采访或者阻挠采访，不如抱着配合的姿态，至少还有机会在被报道事件中表达自己的意见、观点，保留自己的话语权。

1. 正面报道中如何与记者相处

在正面报道中，坦诚依然是最为重要的。被报道的机构和个人，如果面对的是正面报道，一般都会积极配合。但这也有可能出现问题。主要问题是有的被报道对象对报道内容没有开诚布公，从而影响了记者对被报道事件的判断。信息越透明，越有利于记者对所报道事件和人物的认知，以及对报道角度和方向的把握，从而能将报道做得更客观、更完善、更全面。但有的机构或者个

人在面对记者采访时，出于各种各样的目的，会隐藏相关信息。但记者的职业素养就在于有发现新闻的本事，特别是一些资深记者，一般都具有较高的洞察力，善于从蛛丝马迹中发现线索、发现问题。一旦这些隐藏信息被记者发现，就可能引发记者的负面情绪，即便是做正面报道，也会引起记者情绪上的反感，自然就很难达到报道的最佳效果。

案例：对老朋友的正面报道不是开诚布公，而是藏着掖着

我国铁路部门曾因经济不景气，出现过铁路货运吃不饱的情况。为了摆脱货运"寒冬"，铁路部门甚至一度全员找货源。但随着经济回暖，铁路货运逐渐由"吃不饱"变为"吃不了"。以前货运"寒冬"时，某铁路局一天仅有两千辆请求车，后来货运"回暖"，一天的请求车就达到一万多辆，但该铁路局只安排发车五千辆左右。记者问这个铁路局货运主任："铁路局既然能够满足上万辆请求车的发车安排，为什么只安排了一半左右？"这时，这个铁路局宣传部新闻科的负责人赶紧拦住说："这个保密，不能说。"

其实这并不是什么秘密。这是起始端局或终端局正常的业务操作。一条铁路，通常跨越几百上千甚至数千公里，跨越多个行政区，起始端铁路局在货运发车安排上，要给沿线各个铁路局预留出一部分发车量。否则，起始端局车站装满货物发车，沿线其他铁路局车站的货物就无法装运了。特别是在货运列车供不应求的情况下，必然会影响沿线其他车站的货物运输，也不利于全国铁路一盘棋的宏观布局。这本是铁路统筹全路货运运力的措施之一，本身并不涉密。

点 评

与其玩心眼　不如坦诚些

首先，在任何国家，如果采访内容确实涉及商业机密，极少有记者会冒着违法犯罪的风险非要获取商业秘密。如果确实涉密，中国的媒体和记者，不敢、也不会为了发新闻而冒着违反国家法律法规和新闻纪律的风险，铤而走险，非要报道不可。

其次，这位新闻科负责人所要保密的信息对于长期跑铁路口的记者来说，也并不是什么秘密。这位新闻科负责人的做法是故弄玄虚，说明记者与被报道单位工作人员之间缺乏互信。

与媒体打交道，基本的原则和做人是一样的，就是坦诚。该铁路局新闻科负责人的问题在于，把打了多年交道的记者请来做报道，却又处处提防记者，缺少真诚。如果双方缺乏信任，势必影响报道质量。这样和媒体打交道，如何让记者掌握全面的信息和资讯？信息不完整，又如何保证报道的真实、客观？发车起点端有一半的请求车安排不了，与之前货运寒冬时铁路员工全员找货源相比，说明当前的铁路货运制度安排上已经明显感受到了货运回暖。这恰恰是新闻的亮点。

得体的做法是，相信记者会准确把握报道分寸。如果该铁路局对此事有不能公开的规定，应该跟记者开诚布公地说清楚，这也有助于记者在全面掌握情况后妥善权衡。

正常的正面报道本来应该双方积极配合，开诚布公。但在实际操作过程中，常常出现相关机构顾虑重重，在正常采访中不提供完整信息的情况。而记者恰恰以洞察力和分析能力见长。无论是正面报道还是负面报道，被报道方缺少真诚、遮遮掩掩甚至隐瞒信息的做法，多数时候反而会弄巧成拙，给记者留下负面印象。

在对一个世界知名的某国外论坛的报道中，就出现过这样的情况。这个论坛是由一家世界知名的杂志社举办的。这家杂志社在中国的很多个城市都推荐过这个论坛。其基本做法是，由承办城市掏钱，由这家杂志社邀请一些国际知名人士参会，城市借机扩大了国际国内的影响力，这家机构也能获得不菲的收入。

某年，国内某知名城市举办了这个论坛。也许这家杂志社了解到该城市缺少举办国际论坛的经验，所以邀请的国际人士的知名度并不高，有凑数之嫌。而且也没有邀请到分量较重的相关国家的领导人出席，与国内出席会议的人士层级不匹配。

在媒体采访报道环节，论坛组委会在发放出席会议报道的记者证时明显向本地媒体倾斜。而在公开采访环节，一家中央级媒体只给发放一张采访证件。其中令人不解的是，一家电视台也只给一张采访证件。电视台工作的性质决定了，电视采访最少要两个人配合：一个是负责拍摄的摄像师，一个是负责采访、写稿子的记者。此外，记者联系采访参会代表时，组委会既不帮忙联系采访，也不提供参会代表名单和参会人员联络方式。

如果说这是该城市在前期与某国外论坛组委会协商的结果，那么在论坛进行时，在国内主要媒体均被邀请参与报道的情况下，承办方在操作上的主次不分受到了媒体记者的质疑，也使得论坛报道效果再次打了折扣。

2. 负面报道中如何与记者相处

在负面报道中，常见的情形是当事方阻挠记者的正常采访。表现形式有以下几种。

（1）故意不给记者提供相关信息，或者对记者的采访遮遮掩掩

之所以阻挠或拒绝记者采访，是因为不愿意负面事件被曝光。但记者的报道是职务行为，不会因为被报道一方的态度而终止报道。而且新闻记者的职责就是通过追求真相，提供关于事件和问题的全面、公正的叙述。在一定程度上讲，记者担负着维护社会公平正义的责任。只有通过记者的笔或镜头对事件进行如实报道，才能达到讴歌真善美、揭露假恶丑，正确引导社会舆论的目的。任何阻挠记者采访的行为都是与记者的责任和使命相冲突的，因而也很难得逞。

此外，被采访对象或者机构越是遮遮掩掩，越会让记者起疑心，也就越能调动起记者探究真相的兴趣。这是人类正常的心理反应，更何况是具有较高洞察力的记者。遮遮掩掩，反而有可能侧面给记者提供了报道线索——正所谓"欲盖弥彰"。

下面的这个案例就很典型。为了揭露一个不合常理的收购案，记者克服重重困难，最终还是挖出了真相。

案例 1：事出反常必有妖

央视新闻频道《东方时空》曾经播出一组《收购迷局》，曝光某上市公司溢价数千万元收购一家有巨额银行贷款且还没运营的公司。其主要线索就是记者在该上市公司的业绩报表中发现的。有"巨额贷款"、企业"尚未运营"，这样的企业在并购谈判中往往不具有什么优势。之所以让其他企业收购，大多与其财务困难有关。正常的收购价一般会在成本价附近，顶多是略微溢价，但不会大幅度溢价。某上市公司溢价数千万元收购这样的企业，令人怀疑。

果然，当记者到达被收购一方的公司所在地时，意外地发现了一件颇为诡异的事情：这家被收购的企业，竟然在收购方——这家上

市公司的工厂里。也就是说，被收购企业在建设伊始，选址就在这家上市公司的院子里。且被收购企业的法定代表人在退休前是市里一家医院的政工科科长。于是，记者前往当地公安局查找这位法定代表人的住址。公安局回复，按照规定，要征得这位法定代表人的同意后才能告诉记者其住址。一旦告知了被采访人，必然会打草惊蛇。于是，记者谢绝了公安局联系这个法定代表人的意见，用自己的办法，在两个小时内敲开了这位法定代表人的家门，并在对方还没缓过神来时完成了采访任务。等到其妻子前来阻止时，记者已经拿到了所需要的资料和信息。

记者在对收购案进行正式采访之前，就已经对这家上市公司的不合常理的收购有了合理的猜测。有巨额贷款且尚未开始运营，对于被收购企业来说，能被平价收购就很不错了，又怎么会被溢价数千万元收购呢？

进一步的调查发现，被收购企业的法定代表人从没有做过企业。记者随后采访了这个法定代表人所在住处楼的各层住户，住户给记者的答复都是"他从没办过企业，之前都是在家陪自己的母亲"。换句话说，这个法定代表人是一个"影子"法定代表人，这家被收购的公司是一家"影子"公司。

点 评

任何阻挠记者采访权利的行为都不是上策

开始时，这个报道几乎没有什么明显的线索，但记者凭着新闻敏感，发现了这家上市公司披露的收购案既不符合常理，又有违经济常识。在记者的不懈努力下，最终揭开了这起虚假收购案的盖子。

记者的这个采访过程足以说明，任何阻挠记者采访的行为都是不明智的。更何况那些专做曝光新闻的记者，很多都是有着丰富的采访负面报道经验的资深记者。阻挠越激烈、越强硬，越能激发记者的斗志和求知欲。河南电视台记者假扮残障人士，卧底揭露黑砖窑真相；"3·15"晚会的记者卧底，追踪地沟油去向等，都是其中的典型案例。正是由于记者的不懈努力，甚至冒着生命危险，才能将一个个丑恶事件公之于众。

既然无法阻挠记者采访，阻挠的结果又往往于事无补，只会增加记者的反感，升级与记者的冲突，激化与记者的矛盾，积极配合记者采访不失为明智之举。再者，一味地阻挠，真能阻止记者采访报道吗？对被报道机构或者人员会有什么正面意义吗？能使记者作出对被报道机构和相关人员有利的报道吗？显然不可能。阻挠记者采访，除了使事态朝着更加不利于自己利益的方向越走越远，对被采访对象没有任何其他好处。

（2）想方设法阻挠记者正常采访

暴力阻挠记者采访是较为常见的现象，屡屡被曝光。

在现实生活中，被曝光机构一次次出现阻挠记者采访，甚至暴力阻挠记者采访的情况：殴打记者、损毁记者采访设备、销毁记者采访素材等。但这样的行为，都没有达到阻止记者报道的目的，反而激化了与记者的矛盾，使相关机构变得更加被动，使事态进一步恶化。其中特别恶劣的是，陕西省周至县人民医院将报道天价停尸费的陕西电视台《都市热线》栏目记者关进了太平间。事件起源于 2015 年产妇喻娜娜与陕西省周至县人民医院的医疗纠纷。

案例 2：陕西省周至县：采访记者被关进太平间

据《华商报》报道，2015 年 11 月 19 日，产妇喻娜娜在周至县人民医院生下一名男婴后离世。家属认为医院存在过错，遂把医院告上法院。2017 年 7 月，西安市中级人民法院二审判决周至县人民医院赔偿死者家属 50 余万元人民币。随后，通过强制执行，家属拿到了赔款。但当家属去医院打算取走产妇遗体进行安葬时，却被告知要缴纳每日 150 元、总计 10 多万元的"停尸费"。

家属将这一情况反映给了陕西电视台《都市热线》栏目组。《都市热线》全媒体记者先后四次对"周至县人民医院收取天价停尸费"事件进行调查采访。根据记者调查，按照西安市卫计委网站公布的信息，参照陕西省医疗服务项目价格（2011 版），二级医院太平间的停尸费每天是 20 元。即便参照 4 月重新修订的 2017 版，二级医院太平间停尸费也只是每天 24 元，二级甲等的周至县人民医院的天价停尸费收费依据在哪里？

2017 年 12 月 1 日，记者接到当事人电话，说院方通知他们将尸体拉走、不收取费用了。为了将事情进一步调查清楚，并把之前采访中的几个疑点进一步落实，记者 12 月 4 日再次前往周至采访。在了解了当事人家属准备将产妇下葬的情况后，16 点左右，在与周至县委宣传部沟通之后，记者只身来到周至县人民医院办公室。

在办公室，记者见到了一位白姓办公室主任，说明了采访来意后，白主任表示要先打个电话，随后离开了办公室。大概一分钟后，十余名身着制服疑似保安的年轻男子冲了进来，最后进来的人是周至县人民医院院长李新房和白主任。按照采访流程，记者先行出示了本人的记者证及单位介绍信。李院长说："那个事情不是已经解决了，你们为啥又来了？"记者回答："我这次来是继续调查。"随后记者拿出一份相关事件的资料，准备向李院长求证。但让记者没有想到的是，李院长指着记者对疑似保安的年轻男子们说："就是他，给我打！"十几人立刻将记者团团围住并试图抢夺采访设备。抢夺过程中有人率先动手殴打记者，随后十余人一起对记者进行拳打脚踢。令人震惊的是，白主任也加入了打人的行列。

在医院办公室的殴打结束后，他们又将记者强行拖拽，从四楼办公室拽往一楼保安室。在此过程中，他们又对记者进行殴打。而在保安室内，记者则遭遇第三次殴打。这一次除了拳打脚踢，对方十余人还手持木棍，向记者的头部、胸部、背部、腿部猛击。在殴打过程中，打人者不允许记者抬头。其中一位保安说："把老辛（周至县人民医院管理者）叫来出出气。"几分钟后，老辛与打人者一起扒掉了记者上身的衣服并将其架起，几人开始轮流继续殴打记者！

三次殴打结束后，对方又强行将记者带至医院太平间，扬言"你不是要调查太平间吗？让你今儿在里面待个够！"就这样，记者被强行拘禁在医院太平间里。数十分钟后，对方将记者放出，又拿着2000元人民币强行塞给记者。其间，多人持手机拍摄视频，并要求记者"配合笑一下"，否则便是一顿毒打。

这一切结束后，对方返还了抢夺的记者的随身物品。记者检查后发现，除手机及采访设备被人为破坏并删除素材，记者随身携带的300元现金也不翼而飞，而在离开医院并向当地警方报警之后，记者的采访车还遭到对方尾随，直至到达西宝高速武功收费站，对方才离开。

而这一切，都是在记者出示了记者证和介绍信后发生的。此事件之所以情节恶劣，就在于院方：第一，殴打记者，暴力阻碍记者的正常采访；第二，破坏公共财物，采访设备遭人为破坏，大部分采访素材被删除或破坏；第三，非法限制人身自由（非法拘禁记者在太平间），而且情节恶劣；第四，行贿记者 2000 元人民币现金。

在媒体的广泛关注下，最终该医院院长被停职检查，涉事副院长做免职处理，涉及打人的 6 人被行政拘留。

记者采访权的相关规定

国家新闻出版总署于 2007 年 10 月 31 日印发了《关于保障新闻采编人员合法采访权利的通知》。该通知明确指出："新闻采编人员合法的新闻采访活动受法律保护，任何组织和个人不得干扰、阻碍新闻采编人员合法的新闻采访活动。"

《新闻记者证管理办法》明确规定："任何组织或者个人不得干扰、阻挠新闻机构及其新闻记者合法的采访活动。"

在这起事件中，记者的新闻采访活动被严重破坏，人身安全受到侵害。殴打记者，抢夺采访工具，于法不容。

无数的国内外案例都证明：与记者交恶，暴力阻挠记者正常采访，不仅被曝光一方都没有达到阻挠采访的目的，反而使舆情进一步恶化，相关责任人也难以逃避法律制裁。

（二）要与记者交朋友，千万不能与记者交恶

对于长期与记者打交道的机构来说，与记者交朋友是一种有效的公关方式。即使交不了朋友，也不要与记者交恶。

对于记者偶然的采访，在接待采访记者时，如果能抱着与记者交朋友的姿态，同样是积极有效的应对方式。无论是对正面报道还是负面报道，都是一

样的。

与记者交朋友有助于双方建立互信关系，从而有利于与记者的高效沟通。所谓"人心都是肉长的"，尤其是在进行负面报道时，记者往往也会在坚持客观公正、实事求是的前提下笔下留情，从而有效提高负面报道的客观性。当然，对于恶劣的负面事件，也不要指望记者会颠倒黑白。因为这是记者做人的良知、记者的职责和使命所系。但是，被报道方本着与记者交朋友的心态与记者相处，至少不会使舆情进一步恶化，甚至可能峰回路转。

随着舆情事件的不断增多，越来越多的机构开始关注舆情问题，防患于未然成为一种新趋势。与记者交朋友，有利于建立良好的沟通渠道。

一位驻某国公使曾经告诉笔者，西方发达国家的机构都非常注意与媒体和记者打交道。包括一些国家的外交机构，也都特别注意与当地媒体和记者打好交道。国内有一家很少为外界熟知的企业，曾经参与了多家媒体的并购。这家机构极少见诸报端，属于资本市场上行事低调的操盘手，却专门安排了一个与媒体记者打交道的岗位。这个岗位人员的职责，并不是通过媒体发稿来扩大影响力，而是经常走访媒体单位，与记者及时进行沟通。这是典型的防患于未然的操作方式。换句话说，就是提前维护好公共关系。一些世界知名的财团、企业和国际组织，大多也都有这样专门维护公共关系的部门和岗位安排。

在《掌权者：美国新闻王国内幕》一书的代译序中，第一句话就是："西方世界历来将新闻界人物称为无冕之王，又将他们视为与政府、国会、最高法院配合行动的第四集团。"译者进而这样评论美国的记者："美国新闻记者团既然是与立法、行政、司法并存的一个部门，是与政府、国会、最高法院配合行动的第四部门，那么，作为无冕之王的新闻界巨头和那些政界要人们的关系又是怎样的呢？说新闻界巨头是无冕之王，这在美国并非戏言。这些新闻界人物常常不顾事情的真相，可以使一些人荣登高位，也可使一些人身败名裂。他们披露政界要员丑闻，同时却又收买政客。这些报界巨头甚至把报纸作为工具，为自己竞选国会议员、争取入主白宫大唱赞歌，有许多政客则明显地被这些报界巨头玩弄于股掌。顺我者存，逆我者亡，美国若干届总统与新闻界的关系均是说明这种情况的极好例证。"

我们姑且不去评价这些记者行为的是是非非，但这样的评论从侧面反映了记者的巨大影响力。这样的实例在我们身边其实并不少见。这也从另一个角度说明了与记者搞好关系的重要性。中国有句成语，"成也萧何，败也萧何"。

该书作者大卫·哈伯斯塔姆评价美国总统富兰克林·罗斯福是"华盛顿从未见过的最杰出的新闻制造人"。他写道：

"要想和读者直接对话，就必须有记者和自己对话。他常常喜欢将情报直接投入宣传机器，而不是先提交国会。他把更多的精力花在和新闻界打交道上，而不是用在国会中。传统的平衡在变化。有时，报刊记者对于总统增加利用电台，并与电台记者谈论不休等做法感到气愤。此时，国会议员和民主党政客就会跟着发怒，认为总统对新闻界人士只是貌似公正，骨子里则是另一码事。这些变得无足轻重，他已经不大依靠国会和政党了。

"由于总统越来越频繁，越来越直接地利用宣传机器，新闻界的影响即与日俱增。他们逐渐担负起国家发展过程的设计师的角色。在重大问题上，他们再也不是应声虫，而是直接的决策人。记者群已今非昔比。他们变成一个态度严肃、消息灵通的整体。在罗斯福执政期，记者扮演了重要角色，在华盛顿变得举足轻重，受人仰慕，成了炙手可热的职业。与此相应的是，由于报道的严谨、复杂和微妙，撰写报道的人也日益成熟，教育程度不断提高，态度更加严肃。"

罗斯福由此也成为美国历史上最善于与记者打交道的总统之一。与记者良好的关系，直接影响了他的执政效率。他的很多执政措施就是通过记者率先报道出去的。通过与记者的良好关系，"他能越过一切路障：越过反对党、本党、国会，甚至最高法院"。

（三）被采访者接待记者的正确姿态：站在记者角度考虑问题

"站在记者角度考虑问题"，这个视角其实并不是仅仅针对记者，无论在日常生活还是职场生活中，在与人交往时，能站在对方的角度考虑问题都是一种好的姿态。

能站在别人的角度去考虑问题是情商高的表现，这样的人给别人留下的印象也更好。善于与别人打交道的人，首先不会是招人讨厌的人，同时也是沟通顺畅的人。换句话说，这样的人在哪儿都吃得开。以这样的姿态与记者打交道，不仅能获得记者的好感和尊重，也有利于自己机构的报道任务较好地完成。

在前述"11·28"陕西铜川陈家山矿难的报道过程中，面对国内外记者各种各样的无序报道，陕西省委宣传部一位负责人要求宣传部门主动配合，给记者报道提供方便。在这种突发的矿难事故中，记者往往都亟须迅速拿到第一手资料、了解第一手资讯，省委宣传部及时帮助记者联系采访对象、提供相关救助信息，大大减少了沟通时间，使记者能够及时在第一时间把相关报道发回所属媒体，从而大幅度提高了采访效率和报道的时效性、真实性和准确性。对于这样站在记者角度积极配合采访的行为，记者的报道会不会笔下留情？事实上，正是由于当地宣传部门积极配合记者们的报道，才迅速扭转了无序的报道状态，使舆论导向朝着有利于政府的方向转变，使记者及时准确客观地发回矿难现场最真实的消息以及政府积极救助的新闻和特写。

（四）重视公民记者、自媒体的作用

在网络传播中，"公民记者"逐渐成了某个领域有影响力的传播者。由于他们经常仗义执言，所以从一定程度上讲，其公信力和在网民中的号召力并不比知名记者差，甚至有的影响力还高于专业记者。特别是那些曾经做过记者的"公民记者"，其影响力更大。机构遇到舆情危机时，通过"公民记者"来引导舆论，往往比找"水军"做一些并不公正的舆论操作效果要好很多。而且，相关机构在危机公关时一旦被公众发现雇用了"水军"，则之前的危机公关操作必然会前功尽弃。

五、如何举办新闻发布会

（一）新闻发布会的职能

1. 新闻发布会的定义

新闻发布会是政府及其职能部门或社会组织直接向新闻界发布相关信息，解释重大事件而举办的一种新闻活动。有的也称为"记者招待会"。

随着政府部门的运作日益与国际接轨，通过新闻发布会的形式及时向公众发布和传达最新的政策、政府的最新举措，成为政府部门日常的披露信息途径。国务院新闻办、国务院台湾事务办公室、外交部、公安部、交通部等政府机构，已经形成了常态化新闻发布机制。一些企事业单位，对于公众普遍关注的、与自己单位关系密切的事件，也常常采用新闻发布会的形式公布。特别是改革开放以来，企业生产经营中新产品的发布往往也采用邀请记者和专家出席的新闻发布会的形式向外界披露。

2. 新闻发布会的具体流程

（1）确定新闻发布会的主要内容、举办日期、地点等。

（2）确定发布会的主持人和发布信息人员、会议议程。会议议程精确到分钟，并拟定应对意外情况的预案。

（3）确定发布会嘉宾和媒体记者名单。

（4）确定接待人员、礼仪人员和会议材料印刷等相关事宜。比如，礼仪人员着装、参与环节、步骤，包括会议的茶歇安排、公务或商务会见等安排。如有必要，还要对礼仪人员进行培训和全程预演。有些商务活动还需提前准备礼品等。

（5）设计背板，布置会场，包括宣传片的准备、现场的背景音乐选择、会场音响、放映设备的准备和调试。如需拍照或录视频，还要确定拍摄人员，考虑是本机构人员拍摄还是委托第三方公司拍摄。

（6）在新闻发布会举办当天，接待人员和主持人需提前进入会场、熟悉会场。主持人再次熟悉主持词，温习新闻发布会的程序，再次检查核对领导发言稿、新闻通稿等。在答记者问环节，提前确定主答人，必要时还要安排辅助答记者问人员，特别是涉及专业性较强的问题时。预先准备记者可能会提问的问题的应答内容，特别是针对近期舆情事件的应答口径。

（7）会议结束后就餐、送客的人员和交通工具安排，以及会场收尾安排等。

（二）新闻发言人应该如何面对媒体

新闻发布会举办得成功与否，不仅取决于发布会的流程设置，更重要的是要选择好新闻发言人。

新闻发布会是否成功，一方面取决于新闻发布会的时机与主题，既要及时、适时，还要主题集中、单一；另一方面也取决于新闻发言人的表现。特别是在面对记者的刁钻提问时，新闻发言人的机智应变能力决定着相关机构给公众留下的印象。从某种意义上说，新闻发言人的水平往往代表着相关机构的管理和运作水平。

举办新闻发布会的目的是向公众释疑解惑，还事实一个真相，还公众一个明白，争取赢得社会的理解与支持，从而使事件向积极的方向发展，有利于问题和矛盾的顺利解决。所以，新闻发布会一定要客观公正、实事求是。这就要求新闻发言人一定要体现自身在媒体和公众之间的桥梁作用，不能顾左右而言他，答非所问，更不能掩盖或歪曲事实。

1. 积极准备答记者问的材料，特别是针对记者提问的备选材料

材料包括两个方面：一是新闻发布会通稿，主要是新闻发布会拟发布的主要内容及背景资料；二是针对记者提问的备用材料。对备用材料尤其要高度重视。要提前分析、预判记者可能提的问题，包括举办新闻发布会的相关机构是否有可能被媒体关注的负面新闻事件。如果有，要考虑记者可能会提出什么问题，如何回答记者提问。需特别注意的是，一定要把相关的备用材料和口径，特别是近期发生的重大事件、重大项目的对外口径报主管领导审核。

2. 主办方不要居高临下

答记者问如待人接物一样，对人要尊重、客气。居高临下地回答记者提问，必然会引起记者的反感。带着反感情绪的记者，对官方的新闻发布会又会是什么态度，会怎么写稿子呢？答案是不言而喻的。没有哪个记者会喜欢一个趾高气扬的新闻发言人。

很多单位的新闻发言人都是由单位内部的官员担任的。有些地方官员在外地更高级别的媒体面前还能客客气气的，但在本地媒体面前常常会不自觉地摆出一副高高在上、发号施令的姿态。有的官员始终是以"官老爷"的心态来面对公众，特别是一些地方官员。有的官员甚至还会向记者发脾气、动粗，更遑论机智成熟了。笔者曾经是中华人民共和国成立60周年新闻发布会的提问记者。在一次某部委举办的会前沟通会议上，该单位新闻发言人居然说出了令人难以置信的话："该来的都没来，不该来的都来了。"也许这位发言人认为，平

时与他所在部委对接的记者都没来，这次来的记者他都不认识。但这是新中国成立 60 周年新闻发布会，每个新闻单位只有一位提问记者，而不会像以前其他的新闻发布会那样，由举办发布会的相关部委的对口记者参加、提问。但不管是出于何种原因，都不该对媒体记者说出这么粗鲁的话。

随着开放程度的日益加深，很多地方对新闻发言人制度进行了制度化规范。比如，有的政府机构专门设立了新闻司、新闻办公室，有的是部委办公厅、地方政府的司局办公室主任或副主任担任新闻发言人；一些企事业单位也都采用了类似的机制。由专业的人做专业的事，使新闻发言人的专业水平得到了很大提高，答记者问的质量也呈现提升态势，答记者问不当的事件越来越少。

随着新闻发言人越来越机智、成熟，越来越多的新闻发言人学会了答记者问的技巧，即使已经看出有些记者提问是"圈套"，也能机智地、有风度地绕过去。不是特别必要的时候，新闻发言人一般不会反唇相讥。

需要注意的是，外交场合是个例外。因为外交部新闻发言人在正式场合，需要通过表态来达到某种外交目的。但即使是为了表达某种信号，新闻发言人大多数时候还是会对记者保持礼貌。智慧的新闻发言人能始终坚持与记者交朋友、对事不对人的原则。如果把原本针对某个国家、某个政治集团或者某个国际组织的抨击、反击，加诸记者身上，就是典型的引火烧身。这好比国际外交照会针对的是某个具体的国家，而不是被召见的外交官，二者是一个道理。

答记者问时应尽量避免照本宣科念稿子，不要给记者做报告。

大多数新闻发布会的流程是，先由新闻发言人表达官方声音，再回答记者提问。个别的新闻发布会只发表官方意见，新闻发言人宣读完官方通报后，转身就走。美国总统特朗普在任时，白宫新闻发布会上就多次出现新闻官念完稿子后转身就走的情况。这种情况大多是问题比较复杂，或者舆情较为复杂，发言人不便回答记者提问。在这种情况下，与其在面对一些无法回避但又不想回答的问题时，出现答也不是、不答也不是的尴尬状况，反倒不如在念完新闻稿，表达清楚了官方立场，或传达完官方要表达的信息后结束发布会，以避免节外生枝。但这绝不是最佳的与记者打交道的方式。非特殊情况，不建议采用这种方式。

3. 答记者问要坦诚，回答记者提问可以更策略但不要回避问题

在新闻发布会上，遇到记者所提问题不在提前准备的范围内时，有的新闻发言人或官员常常顾左右而言他。这样会让记者感觉发言人不坦诚、不礼貌。当问题涉及政府或企业秘密时，可以直接、礼貌地告诉记者其属于机密，也可以委婉作答，如"目前相关工作还在准备中，我们会在适当时机向各位记者朋友公布"。一般来说，记者也都可以理解。

尽量不要采取生硬的"无可奉告"的回答方式。对于一些较为复杂或者棘手的问题，可以先简单答出要点，也可以邀请记者在会后单独交流。

新闻发布会答记者问环节，一般是有问才答，不问不答。但有的时候，新闻发言人要表达官方态度，也会在答记者问环节借题发挥，主动多说一些信息，目的是将官方意见或者态度表达出来。但这样的情况不可太多，因为言多必失。

答记者问中的下下策，是不管记者问什么，只管念自己事先准备好的稿子，答非所问。甚至有的新闻发言人会在回答某个比较容易掌控的问题时故意拖延时间，以此来减少记者的提问机会。

在很多时候，作为新闻发言人，对于一些危机公关事件很难做到不表态。此时，与其说假话，不如不说。在"说也不是，不说也不是"的节骨眼上，如果不想遭到公众的鄙夷，"不说假话"就是底线。如果遇到一些实在不好回答的记者提问，与其直接生硬地拒绝，不如采取缓和一些的调侃。吕新华的一句"你懂的"，就是在周永康事件还没定论时，以其轻松巧妙的调侃，使其成为经典评价。

4. 尽量避免与记者对抗

答记者问就是答客问。但一些国内外知名的企业高管和政府官员，特别是政府官员，常常以一种居高临下的姿态面对记者。

一般来说，记者所提的问题有时会比较尖锐，但发言人完全没必要摆出一副防范、抵抗的姿态，使问答无法顺利进行。因为记者在提问时不仅代表其所在的媒体，也代表公众。记者所提的问题往往是根据所在媒体的受众定位来设计的，所以，记者所关心的问题恰恰也是公众关心的问题，任何居高临下都只会强化你给公众带来的傲慢感觉，也非常容易引起公众的不满。

5. 不要给记者上专业课

答记者问的目的是通过媒体传达相关机构对某一事件或问题的立场、态度和观点，所以应该尽可能深入浅出、通俗易懂，用通俗的语言来表达。

如果新闻发言人讲得又专又深，特别是大量使用专业词汇和专业语言，这看起来似乎是专业的表现，其实效果恰恰相反。因为新闻发布会是面对社会公众的，如果公众听不懂或者一知半解、似是而非，就会大幅度削弱发布会的效果，很难实现有效传播。

钱学森要求大学毕业生交两篇论文：一篇专业论文，一篇科普文章。只有真正懂得相关知识，才能把高深的科学知识深入浅出地告诉读者。官员也应有两种本事：一是起草文件、写工作报告；二是动员群众，包括回答记者提问。但在现实中，很多官员都是依赖秘书写稿子，照本宣科念稿子，甚至出现在一些重要场合念错字的情况。包括政府官员、大学校长等，都出现过这样的情况。

6. 不回避问题，不讲空话、套话，更不能说假话，对灾难事故顶格回应

新闻发言人要明白，发言中的一些空话、套话、假话，大概率不会见诸报端和电视广播，而且还会给记者留下该发言人不够坦诚的印象。在报道过程中，记者们常常会选择一些公众关心的、质疑的以及社会热点问题进行报道，也会从发布会上挑选部分有个性的材料和语言来写稿。空话、套话、假话除了

显示新闻发言人的官僚作风外，没有任何积极意义，反而增加了记者对相关机构或者当地的负面观感。

2015 年 8 月 12 日，位于天津滨海新区塘沽开发区的天津东疆保税港区瑞海国际物流有限公司所属危险品仓库发生爆炸。天津方面共举办了 6 场新闻发布会，均受到了广泛诟病。

案例："8·12" 天津滨海新区仓库爆炸事故新闻发布会舆情不断

2015 年 8 月 12 日 22 时 51 分 46 秒，位于天津市滨海新区天津港的瑞海公司危险品仓库发生火灾爆炸事故，爆炸总能量约为 450 吨 TNT 当量。

2016 年 11 月 7 日至 9 日，"8·12" 天津市滨海新区爆炸事故所涉 27 件刑事案件一审分别由天津市第二中级人民法院和 9 家基层法院公开开庭进行了审理。经国务院调查组认定，天津港 "8·12" 瑞海公司危险品仓库火灾爆炸事故是一起特别重大生产安全责任事故。事故造成 165 人遇难、8 人失踪、798 人受伤住院治疗，304 幢建筑物、12428 辆商品汽车、7533 个集装箱受损。截至 2015 年 12 月 10 日，依据《企业职工伤亡事故经济损失统计标准》等标准和规定统计，已核定的直接经济损失达 68.66 亿元。

2015 年 8 月 13 日 6 时，爆炸事故现场被烧焦的汽车
韩海丹 摄

该事件被国内外媒体广泛报道，成为 CNN、BBC 等多家国外媒体的头条新闻，引发国际舆论热议。

在微博、微信、论坛、贴吧等各种社交媒体上，许多身在现场的网民不断发出图片和视频，拼接事故全貌，催生了各类舆情。

针对"8·12"天津滨海新区仓库爆炸事故，天津方面举行了多场新闻发布会，但几乎每场发布会都引发舆情。我们在此简略地回顾并分析一下其中的几场新闻发布会。

2015 年 8 月 13 日，天津市政府举行首场新闻发布会。政府方面出席发布会的人员有：天津市公安消防局局长，滨海新区区委副书记、区长，天津市卫计委副主任，天津市环保局局长。没有天津市市级主要领导出席发布会。

在首场新闻发布会上，舆情不断：

①发生如此惨烈的爆炸事件，没有一个天津市政府主管领导出席，安全生产监督管理部门也没有官员出席。

②爆炸现场距离最近的居民楼只有几百米远，但滨海新区区委副书记、区长回答，危险品爆炸物距居民区"还是蛮远的"。

③对"有没有氰化物"没有回应，对"具体起火爆炸原因"不清楚，对"经济损失多少"没有回应。

④在记者提问环节，有些电视台暂停直播。让人诧异的是，面对这么惨烈的灾难，当地某电视台居然正常播放歌曲和连续剧。媒体如此缺乏人文关怀，实在是让公众大跌眼镜。

在信息技术已经普及到个人的全媒体时代，"中断直播"或是"直播暂停"对舆情把控毫无益处，不仅会引发公众对事件的质疑，更为流言创造了发酵空间。

在 8 月 14 日上午 10 时举行的第二场新闻发布会中，天津市安全生产监督管理局副局长出席。从第二场新闻发布会开始，出席的天津市级领导有天津市委宣传部副部长、市政府新闻办主任等，还有几位相关局的局长、副局长级别的领导出席。

第二场新闻发布会延迟 10 分钟开始。天津市公安消防总队总队长、天津市卫生和计划生育委员会主任、天津市安全生产监督管理局副局长、天津市环境科学院正高级工程师等对相关情况进行了通报。但很多情况仍不明朗：①中转仓库无法给出危化品详细信息；②消防具体处置方法目前不清楚；③要安全评估报告需向交通运输部门沟通。

在第三场新闻发布会中，相关发言人使用了"这个情况不了解，需要下来问一下""这个情况我需要找同事核实一下"等用语。

第四场新闻发布会，相关发言人回应称，"安评情况系交通部门掌握"，并在回应中多次使用"不掌握""不了解""无法回答"等否定性词语。记者们要求港口部门出面发声。消防员家属冲进发布会现场。

第五场新闻发布会出现以下情况：

① 对"爆炸是否确定源头"，回应称"不清楚"；

② 对"危险品与小区建设距离问题"回应称"不是我的职责"；

③ "编外消防员谁统计"未获回应；

④ 对"伤亡具体数据"回答"不掌握"。

第六场新闻发布会回应延迟 20 分钟，对记者提问"谁指挥负责救灾"回应"尽快了解"。

上述六场新闻发布会，除第四场外，都出现了在记者提问环节中断直播的情况。公众对提问环节全貌的了解还是在官方披露之外，由互联网上发布的各种手机视频、文字实录、记者手记等拼凑还原的。

直到 8 月 17 日第七场新闻发布会，才有天津市领导出席。

2015 年 8 月 17 日，天津市就此事件举行第七场新闻发布会，天津市副市长出席。此时距离事故发生已经过去了五天。

2015 年 8 月 18 日，天津市举行第八场新闻发布会，天津市委常委、滨海新区区委书记出席。

2015 年 8 月 19 日，天津市举行第九场新闻发布会，天津市副市长出席。

点 评

官员回避公众关切，人为助推舆情

"8·12"天津滨海新区仓库爆炸事故新闻发布会舆情不断，无异于天津市的一场官场地震。问题出在哪里呢？

1. 重大灾难事故须顶格回应

这么重大的灾难，这么多人死亡，这么多财产损失，在天津市举办的首场新闻发布会上，天津市的主要领导应该出席，至少也要主管领导出席。

2. 回答记者提问搪塞推诿，一再出现新闻发布会上的禁语

官方人员在回应中多次使用"不掌握""不了解""无法回答""不是我的职责"等否定性词语。而这些词语，都是新闻发布会上的大忌。

3. 在记者提问环节多次出现中断直播的情况

信息不透明，是其中一个突出的问题。公众所获取的信息是从互联网上记者和公众发布的视频、照片和记者手记等非官方途径获取的。这不仅会引起公众的质疑，更可能为流言创造发酵空间。

在这次重大的灾难事故面前，天津市的舆情处置措施明显失分。

正确的做法是直面问题，不回避、不隐瞒。主要负责人应在第一时间出席新闻发布会，认错、道歉、表态；及时发布政府方面的灾难救助和补救措施；对于社会关注的财产损失、爆炸点周围居民楼损坏情况以及保护、修复、赔偿措施等情况，及时发布，即便还没有具体方案，也应该表明政府维护群众利益的态度。只有这样，才有利于引导公众舆论，扭转不利的舆情走向。

与天津市方面反应迟钝形成鲜明对比的，是国家层面应对舆情危机的迅速、果断。

"8·12"天津滨海新区爆炸事故发生后，党中央、国务院高度重视。中共中央总书记、国家主席、中央军委主席习近平立即作出重要指示，要求天津市组织强有力力量，全力救治伤员，搜救失踪人员，尽快控制消除火情。

中共中央政治局常委、国务院总理李克强立即作出批示，要求全力组织力量扑灭爆炸火势，并对现场进行深入搜救。

根据中央指示，国务委员、武装警察部队第一政委郭声琨率国务院工作组赴现场指导事故救援和应急处置工作。

在这场灾难面前，中央的应对显然是得分的。不仅及时发出指示，而且迅速派出工作组指导事故救援和应急处置工作。这样的应对，体现了以人为本的思想，也体现了对生命的高度尊重。

7. 如何面对棘手的问题

（1）"卖萌"比说假话高明

在新闻发布会上，记者经常会出其不意地提出一些比较尖锐甚至敏感的问题。如果既不能正面回答，又不能公布事实真相，有时候巧妙地"卖萌"可以漂亮过关。"你懂的"，便是更高级的"打马虎眼"技巧。这要比那些动辄就指着媒体记者的鼻子喊"纯属造谣"要高明得多。

案例：2014 年全国政协十二届二次会议新闻发言人吕新华答记者问

2014 年 3 月 2 日，全国政协十二届二次会议新闻发言人吕新华在回答某媒体记者提问周永康传闻时说："我们所说的'不论是什么人不论其职位有多高，只要是触犯了党纪国法，都要受到严肃的追查和严厉的惩处'，绝不是一句空话。我只能回答成这样了。你懂的。"同年 7 月 29 日，"你懂的"答案正式揭晓。中共中央正式对外发布：鉴于周永康涉嫌严重违纪，中共中央纪律检查委员会对其立案审查。

以下是当时问答的原文。

记者：我们注意到现在外面有很多关于前中央政治局委员周永康的一些消息和报道，我不知道发言人对这个事情有没有什么可以透露的？

吕新华：实际上，我和你一样，从个别媒体上得到了一些信息，那么我大致上这样说一说。2013 年，中纪委、监察部对涉嫌违法违纪的中管干部结案和处理的已经有 31 人，部分是部级干部。我们严肃查处一些干部，包括高级干部严重违法违纪的问题，向全党全社会表明，我们所说的"不论是什么人不论其职位有多高，只要是触犯了党纪国法，都要受到严肃的追查和严厉的惩处"，绝不是一句空话。我只能回答成这样了。你懂的。

点 评

把握分寸

记者提问的是一个敏感问题。当时关于周永康的问题还没有结论，这时候新闻发言人无法给出肯定或者否定的答复。面对如此犀利的问题，发言人没有选择回避，一句幽默的"你懂的"，就化解了尴尬。媒体对吕新华的机智幽默给予了积极的肯定。有媒体评价他"从不回避刁钻敏感的提问"。其诙谐幽默的谈吐和平易近人的风格，给记者和公众留下了深刻的印象。

吕新华是外交官出身。在从事外交工作时，他就与媒体打过多年交道，并与记者保持着良好关系。这次新闻发布会上吕新华的表现受到了参会记者的一致好评，认为吕新华回答问题"风格朴实，话虽然不多，但直接切入主题"。

（2）顾左右而言他，但除非必要，尽量不使用外交辞令

"顾左右而言他"本来是一种外交辞令、外交手段。一些官员在外交场合遇到不便回答的问题或敏感、尖锐的问题时，有的就打太极，有的顾左右而言他，以此来回避问题。但在公共危机处理中，在还没有了解具体事件真相时，这样处置其实是一种避免被动、避免授人以柄的有效策略和手段，是不得已而为之的选择。可以采取的说法，如"不清楚""没听说""我们已经注意到了这个事件，正在调查核实中"……

对于一些过于棘手的问题、没有获得授权或准备不足的问题，在无法正面回答的情况下，顾左右而言他，使用"外交辞令"，打打马虎眼也勉强过得去。

尽管不是上策，但总比不回答记者提问要好得多。

如果更官方一点儿，就推给纪委和组织部门——"一旦调查清楚，会及时向社会公布。"也可以根据实际情况，回答说"领导在外面学习""领导在出差"。但话不用说得太满，要留有余地。这种表述所传递的是这样一种信息——"至少现在，领导并没有受到控制，正如常工作。"既符合事实，又留有余地。

遇到没有准备或者无法正面回答的问题时怎么办？

官方答记者问，常常会遇到对记者所提的尖锐、刁钻问题没有提前准备，尤其是在各国记者都参加的一些国际场合，这种情况更为常见。

2015年，泰国前总理阿南·班雅拉春卸任总理后来华参加一个促进中泰经济合作的商务活动。笔者采访他时，问了他一个问题："您刚刚卸任总理，就来中国出席这个商务活动，是出于什么考虑？"他可能感觉不好回答，当即回复笔者："我先去喝点儿咖啡。"显然这是礼貌的推辞。笔者伸出话筒，继续追问他。好在他是面对过各种复杂场合的国家领导人，面对伸过来的话筒，他无论怎么回答都是新闻，于是他正面回答了通过参加这个活动，推动两国经济交流的目的。而这也正是记者想知道的内容之一。

在各国媒体记者云集的场合，记者们首先会提自己和自己所在媒体感兴趣的问题；其次，在同行云集的场合，哪位记者也不愿意提出没有水平的问题。特别是在一些国际场合，记者提问往往不会按部就班地被活动主办方牵着鼻子走、跟着主办方闻鸡起舞，而是要体现其与众不同的新闻视野和价值观倾向。这既关系到媒体的利益和价值取向，也牵涉记者的尊严。在某个国内外记者云集的新闻发布会上，有位外媒记者由于在电视直播时的提问过于没有水准，导致旁边一位记者斜眼看她，随即引起轩然大波，并由此引发了一场与国外媒体身份相关的舆情。

8. 言谈举止要符合对应的场合，不同场合要有不同的行为

（1）幽默要注意场合、把握技巧

幽默是智慧的表现，能起到调节会场氛围的作用。但如果没有真本事，就不要玩幽默，否则不仅不能得分，还会弄巧成拙。

"表叔"杨达才不合时宜的笑脸，导致网民穷追不舍，最终把杨达才送上了审判席。在甬温线动车事故中，也是由于新闻发言人不合时宜的表情和幽默的言语，加剧了公众对铁道部新闻发言人的"差评"。

案例："7·23"甬温线特别重大铁路交通事故

2011年7月23日20时30分05秒，在甬温线浙江省温州市境内段，由北京南站开往福州站的D301次列车与杭州站开往福州南站的D3115次列车发生动车组列车追尾事故。此次事故已确认共有六节车厢脱轨，即D301次列车第1至4位，D3115次列车第15、16位。造成40人死亡、172人受伤，中断行车32小时35分，直接经济损失19371.65万元。

"7·23"甬温线特别重大铁路交通事故是一起因列控中心设备存在严重设计缺陷、上道使用审查把关不严、雷击导致设备故障后应急处置不力等因素造成的责任事故。铁道部原部长刘志军、原副总工程师兼运输局原局长张曙光等54名事故责任人员受到严肃处理。

在甬温动车事故中，铁道部新闻发言人一句貌似调侃的话没想到却把自己推到了风口浪尖。

在事故发生26小时后的新闻发布会上，当被问及"为何救援宣告结束后仍发现一名生还儿童"时，铁道部新闻发言人回答说："这只能说是生命的奇迹。"

之后，被问及为何要掩埋车头时，新闻发言人在做了一番"无厘头"的解释之后，用力一甩头，说"至于你信不信，我反正信了"。

新闻发言人的"生命的奇迹"和"至于你信不信，我反正信了"也因此被网友戏称为"高铁体"，网友纷纷以此句式造句表达不满。

点　评

用错地方的幽默

铁道部新闻发言人在新闻发布会上的原话内容：

"关于掩埋，后来他们（接机的同志）做这样的解释。因为当时在现场抢险的情况，环境非常复杂。下面是一个泥潭，施展开来很不方便……所以把车头埋在下面盖上土，主要是便于抢险。目前他的解释理由是这样，至于你信不信，我反正信了。"

作为一名新闻发言人，既要尊重事实、客观公正、实事求是，又要慎言，不能口无遮拦或逞一时口舌之快，以免将事件引向负面，让自己深陷舆论旋涡。这样，不但于事无补，结果也会害了自己。

正确的做法是就事论事，表达清楚对事件的关切、官方立场，不作过多引申和评论，以免节外生枝。此外，还要注意情绪表达。即使遇到故意为难、刁钻的问题，也要控制好情绪，以免授人以柄。当然，出于官方立场而传达的强硬态度另当别论。

（2）不要借机吹捧上级，给自己单位或者所在地区做广告

这种现象经常发生在地方举行的记者招待会、新闻发布会上。新闻发言人

或者主持发布会的官员，借答记者问之机表扬甚至吹捧自己的上级领导，尤其是当地领导在场的情况下。此举不仅难以令在场领导获得美誉，还会让人感到肉麻。这也是官员奴性人格的表现。无论是旁观者还是参会记者，都不会对此有任何好感。

还有一些地方官，不管记者问什么，也不管自己回答什么，总要不厌其烦地将自己所辖地区的土地、特产、山川、历史等赞美一番。这些内容完全可以以书面材料的形式发给参会记者，在发布会上只要针对记者的提问来回答问题即可。否则，即使你说得再多，记者也不感兴趣，更不会写到稿子里，白白浪费了宝贵的与记者见面交流的时间。

讲话的前奏不要太长。答问，是接问作答，如太极拳之借力发力，以四两拨千斤，一开口即要接上记者的问话，一定不要自加前奏、自泄其气，这样做反而会招人烦。

讲话不要太长，除非你的讲话很精彩，或你的讲话内容是当前公众关心的热点。答问时最好要看着记者的眼睛，与提问记者进行眼神的交流。这样回答记者提问显得真诚生动。

（3）政府危机公关

危机公关的重中之重是政府危机公关。管理者与被管理者本身就是一对矛盾体。在当今社会，公众表达诉求的方式已经发生了根本的变化。原先，百姓一旦有事、有自认为"不公平"的事，首先会找政府部门求助。但从20世纪90年代以来，管理者与被管理者之间的冲突日益频繁。其中的焦点集中在拆迁补偿及城管、警察、路政执法纠纷。每方面都与百姓的切身利益关系密切，而有些政府的强势作风引起了公众的不满，各地的对抗性冲突越来越多，其中群体性冲突逐渐增多。随着矛盾的加剧，一些老百姓的眼睛开始紧盯着政府部门，特别是执法部门。执法部门在执法过程中一旦有不妥的情绪、言辞和行为，都有可能被夸大。

在这种大环境下，政府部门应对舆情，不仅需要及时、果断，更需要改变行政方式和应对方法，对每一项政策、措施的出台及每一个举动都要进行提前预判，充分考虑老百姓可能会有什么样的反应，哪些地方可能会出现舆情，如何应对和化解舆情危机。出现重大事件的时候，恰恰也是考验政府危机公关水平的时候。

在危机事件中，我国最为成功的案例之一是 2015 年的也门撤侨事件。

案例：也门撤侨

2015 年 3 月 26 日起，由沙特阿拉伯和埃及、约旦、苏丹等其他海湾国家组成的国际联军在也门发动了打击胡塞武装的军事行动。

沙特等国对也门展开空袭后，当地局势骤然紧张。3 月 27 日下午，中国船东协会最早发布了《关于中国海军暂时停止亚丁湾护航任务的通知》（以下简称《通知》）。这是从 2008 年年末中国海军赴亚丁湾护航以来的首次"暂停"。《通知》既没有解释暂停行动的原因，也没有说明恢复任务的时间。

3 月 28 日上午，中国驻也门大使馆经济商务参赞处紧急召开在也门的中资企业负责人会议，公布撤离时间、路线，详细说明撤离途中可能出现的种种问题，要求企业服从使馆安排，做到统一、安全、有序撤离。

3 月 29 日中午，海军第十九批护航编队临沂舰抵达也门亚丁港，在中国驻亚丁总领事馆的积极配合下，撤离了中国驻也门的首批 122 名中国公民（其中包括 7 名妇女和 1 名儿童），2 名来自埃及和罗马尼亚的中国企业聘用的外籍专家一同随舰撤离。临沂舰在经过近 8 个小时的高速航渡后横跨亚丁湾，顺利抵达位于非洲东部的吉布提共和国吉布提港，124 人得到了中国驻吉布提大使馆的妥善安置。

2015 年 3 月 29 日，中国海军第十九批护航编队临沂舰抵达也门亚丁港

新华社发

2015 年 3 月 30 日，第二批 449 名中国公民乘坐中国海军潍坊舰平安撤离开也门荷台达港。至此，需要撤出的中方人员已全部撤离也门。同一天，中国国防部新闻事务局证实，中国海军舰艇编队赴也门撤离中国公民。

4 月 2 日，中国海军临沂舰搭载巴基斯坦等至少 10 个国家在也门的 225 名公民，自也门亚丁港平安驶抵吉布提。撤离人员中有巴基斯坦 176 人、埃塞俄比亚 29 人、新加坡 5 人、意大利 3 人、德国 3 人、波兰 4 人、爱尔兰 1 人、英国 2 人、加拿大 1 人、也门 1 人。此前，中国政府在自也门撤离中国公民行动中，还协助罗马尼亚、印度、埃及等国的 8 名侨民平安撤离。

此次撤离是中国政府应有关国家请求开展的人道主义救援行动，也是中国政府首次为撤离处于危险地区的外国公民采取的专门行动，充分体现了中国政府"以人为本"的理念和国际主义、人道主义精神。

与中国海军撤侨形成鲜明对比的是，美国没有帮助本国公民撤离也门。

2015年2月10日，美国关闭驻也门使馆。3月下旬，最后一批美军特别行动部队成员从也门阿奈德空军基地撤离。美国在4月6日承认，无法帮助在也门的公民离境。由于也门机场关闭，美国希望在也门的公民从海上乘坐外国船只离境。

同样形成鲜明对比的还有两张不同女孩的照片。

图片来源：环球网，推特网

在也门亚丁港，中国海军女兵牵着身穿凯蒂猫背心的小女孩的手，轻快地走向军舰。小女孩脸上洋溢的是轻松与快乐的神情，丝毫看不出是在战火纷飞的也门。

而另一张传遍世界社交网络的照片，却令人心碎。

一个有着胖胖脸蛋的4岁小女孩，误以为摄影师手里的长焦镜头是武器，从而选择举起双手"投降"。这张照片拍摄于叙利亚边境与土耳其交界处的Atmeh难民营。在这张照片中我们不难发现，这个小女孩全身僵硬，清澈的大眼睛里满是恐惧。她的双手高高举着，嘴唇也因为害怕而紧紧地抿在一起。身后是一片荒芜。

这张照片是摄影记者奥斯曼·萨厄尔在2014年12月拍摄的。萨厄尔说：

"我当时用的是长焦镜头，她以为那是把枪。后来我才意识到她当时很害怕，因为她紧咬嘴唇，还举起了双手。一般情况下，孩子见到相机要么跑开，要么捂脸，要么微笑。"他说，"在孩子身上更容易看到他们所经历的不幸。"

经过调查，土耳其媒体认为这是一个名叫 Adi Hudea 的孩子，她父亲死于 2012 年发生于叙利亚哈马省艾库贝尔（哈马附近的一个村庄）的一场杀戮事件，即惨绝人寰的艾库贝尔大屠杀，当时包括妇女和儿童在内的许多平民被效忠当局的武装分子和安全部队所杀害。之后这名小女孩一直和她的母亲以及另外三个兄弟姐妹一起生活在 Atmeh 难民集中营里。

点 评

国家的担当

两张小女孩的照片震撼了世界。两张照片形成强烈对比。

中国小女孩和叙利亚小女孩是差不多的年纪，一样可爱，也一样经历过战火的煎熬。不同的是，一个女孩被中国军舰接回祖国，另一个女孩面对相机举手投降；一个心花怒放地踏上回祖国之路，一个满脸恐惧地担心被枪杀。这次也门撤侨，让国人感受到了祖国的强大和温暖。这一强烈的对比，也让国人深刻体会到了国破家亡的悲伤。

这次也门撤侨，获得了国际社会的广泛好评。境外媒体评论认为，也门撤侨行动是中国政府"外交为民"理念的生动体现，展现了中国的负责任形象。

日本外交学者网站的文章说："这次也门撤侨行动引人注意，是因为中国动用了人民解放军海军来保护中国公民。"

外媒评述　也门撤侨展现中国负责任形象

【德国之声电台网站 4 月 3 日报道】中国军舰撤离了 225 名外国人撤离的，其中包括 3 名德国人。

据中国外交部网站公布的消息，2 日，中国海军舰队将被这些外国公民从也门亚丁湾迅速送到吉布提。

救援行动署说很大风险。一位外交官说："中国海军在正确的时间抵达了正确的地点。"

德国外交部一位发言人周五证实 3 名德国人被中国海军舰队离也门，她说："我们非常感谢中国政府的支持。"

【德国之声电台网站 4 月 3 日报道】中国外交部 3 日表示，中方已经帮助 10 个国家从也门撤离了 225 名公民。在此次为受伊朗支持的反叛武装已经占领也门首都的情况下，北京方面首次完成了在国际危机中协助他国撤离公民的专门行动。

中国外交部称，此次撤离是中国政府忽有关国家进行的人道主义救援行动。撤离了巴基斯坦、埃塞俄比亚、新加坡、意大利、德国、波兰、爱尔兰、英国、加拿大、也门 10 国公民。中国海军舰船载送这些外国公民离开也门到亚丁湾迅速抵达吉布提。

之前，中国已经派遣海军舰船从也门撤离了 571 名中国公民和 8 名外籍人士。

随着中国在全球的利益不断增加，曾经行事谨慎的中国领导人越来越积极。一位在北京的西方高级外交官向路透社表示："尤其是在……武装组织已经占领了该国首都萨那，迫使总统哈迪……"

路透社报道称，尽管中国依赖于该地区的石油生产，但它在外文上的行动依然低调，北京表示关注也门局势，并呼吁寻求政治解决办法。

从去年年初开始，也门陷入动荡。逊尼派、什叶派胡塞武装组织已经占领了该国首都萨那，迫使总统哈迪……

图因也门局势恶化，中国海军军舰赶往也门南部的亚丁湾，将 225 名外国公民送到非洲东部的吉布提。中国外交部发言人 3 日说过，这体现了中国政府"以人为本"的理念和国际主义人道主义精神，可以看出，中国塑造凸显自身对国际社会的贡献，构建与美国之间的"新型大国关系"。进而加大作为联合国安理会常任理事国的话语权。

中国外交部发言人华春莹 3 日在例行记者会上说："此次撤离是中国政府应有关国家请求开展的人道主义救援行动。这是中国政府首次为撤离处于危险地区的外国公民采取的专门行动。"

据新华社报道，中国海军的救援行动始于 3 月 29 日，在撤离 570 多名中国公民后，又于 4 月 2 日实施了撤离外国公民的行动。

为打击海盗，亚丁湾部署多国舰艇，包括日本的自卫队的护卫舰和 P-3C 巡逻机，确保船只的航行安全，并提供保护。中国海军报认为此次是暂时中止护航任务前往实施了撤侨行动。

4 日，《解放军报》图文并茂地讲述受到撤离的外国公民的感激之情，宣传了中国作出的贡献。

中国人民海军

2015 年 3 月 31 日，美国《华盛顿邮报》网站报道称，中国海军在也门的迅速行动得到国内民众的称赞。这就如同政府向他们保证，中国公民在全世界任何地方都会得到保护。而同一天美国《纽约时报》网站的报道也指出，中国用军舰从冲突不断的也门撤离了 600 多名中国公民，这场行动显示了北京（中国政府）从危险地区撤离公民的能力在日益增强。

境外媒体不仅注意到中方及时撤离本国公民，还注意到，在也门撤侨过程中，中方还帮助至少 10 个国家从也门撤离了 225 名公民，受助国纷纷致谢。

2015 年 4 月 3 日，德国之声电台网站报道指出，北京方面首次完成了在国际危机中协助他国撤离公民的专门行动。

2015 年 4 月 6 日，日本外交学者网站报道称，中国帮助多国公民撤离也门，得到了来自世界各地的感谢。

据《今日巴基斯坦报》网站 2015 年 4 月 6 日报道，时任巴外交部发言人的塔斯尼姆·阿斯拉姆说："作为全天候伙伴，巴基斯坦和中国在确保巴公民安全撤离中的合作堪称典范。"

美国《纽约时报》网站2015年4月8日以《也门救援任务事后证实对中国军队的形象大有裨益》为题进行报道，称此次行动不仅撤出了600多名身在也门的中国公民，而且撤离了200多名外国公民。这是中国首次派出军舰执行此类撤离任务。其他国家如此多的国民受到欢迎，登上中国军舰并被运送到安全地点——这一事实被外界认为有助于提高该国在处理国际危机时的形象。

撤离行动结束后，巴基斯坦驻也门使馆的大使给中国大使打电话，表示感谢中方的救助行动。很多撤离的巴基斯坦公民手里挥舞的是五星红旗。中国驻也门大使田琦表示："巴基斯坦大使给我打电话的时候，我能听得出他哭了""这证明了，我们这一次的撤离行动取得了好的效果"。

案 例 来 源

① 新华社. 天津港"8·12"瑞海公司危险品仓库特别重大火灾爆炸事故调查报告公布.（2016-02-05）http://www.gov.cn/xinwen/2016-02/05/content_5039785.htm.

② 百度百科."7·23"甬温线特别重大铁路交通事故.

https://baike.baidu.com/item/7%C2%B723%E7%94%AC%E6%B8%A9%E7%BA%BF%E7%89%B9%E5%88%AB%E9%87%8D%E5%A4%A7%E9%93%81%E8%B7%AF%E4%BA%A4%E9%80%9A%E4%BA%8B%E6%95%85/10805173.

③ 百度百科.也门撤侨.https://baike.baidu.com/item/%E4%B9%9F%E9%97%A8%E6%92%A4%E4%BE%A8/17016699？ fr=aladdin.

④ 新华网转自人民日报.也门撤侨，见证大国能力与担

当.（2015-04-10）http://www.xinhuanet.com/world/2015-04/10/c_127674809.htm.

⑤人民网转自北京青年报.中国外交官：也门撤侨最扬眉吐气 巴大使感激落泪.（2015-04-10）http://military.people.com.cn/n/2015/0410/c172467-26826560.html.

⑥参考消息转自中新网.中国武官成也门撤侨的中坚力量.（2015-04-16）http://www.cankaoxiaoxi.com/mil/20150416/745195.shtml.

⑦解放日报.中国外交官亲历也门撤侨：听到军舰来了我眼眶湿了.（2017-08-11）http://mil.news.sina.com.cn/china/2017-08-11/doc-ifyixtym0803886.shtml.

⑧北京日报.四年前的今天，是他下令动用军舰从也门撤侨！.（2019-03-29）https://baijiahao.baidu.com/s? id=1629344950489552228&wfr=spider&for=pc.

⑨北京青年报.中国外交官：也门撤侨最扬眉吐气 巴大使感激落泪.（2015-04-10）http://military.people.com.cn/n/2015/0410/c172467-26826560.html.

⑩南方都市报.美市长出国要申请募捐 从中美市长谈话看慷慨与吝啬.（2002-05-16）http://news.sohu.com/62/70/news200887062.shtml.

六、说给媒体的话

互联网新技术助推自媒体走向了前台，并逐渐与传统媒体分庭抗礼，甚至在某种程度上讲，自媒体的某些方面已经超越传统媒体，占据突出地位，使越来越多的受众更多地通过自媒体来获取信息，许多传统媒体机构和从业者也都开通了自媒体平台账号。但作为自媒体运营者，也应该有自己的信息披露边界，不是什么内容都可以发到互联网上的。在此，仅结合传统媒体的正反案例与操作规范，给当代媒体从业者提一点建议。

（一）媒体的尊严与记者的使命

我们生活在一个弱肉强食的年代，我同情不幸的人但我更钦佩坚强的勇士。

如果我不作为新闻记者，我不知道我的价值何在。……苦闷是每个人的伤口，我要呐喊。

——奥莉娅娜·法拉奇

"我要呐喊。"意大利著名记者奥莉娅娜·法拉奇说出了记者职业的深层意义。这也是记者被称为"无冕之王"的原因之一。"呐喊"是记者的责任，也是记者的使命。正是由于记者始终坚守着为社会公平正义鼓与呼的信念，才体现出其对社会的责任，也使记者成为推动社会进步的力量之一。

奥莉娅娜·法拉奇一生采访了数十位各国政要，除了深挖并揭秘一个个各国政要背后的故事，也揭秘了一个个重大历史事件背后不为人知的故事。比如，在德国重新统一的进程中，时任德国总理科尔为什么快速吸收东德？为什么罗马尼亚总统齐奥塞斯库夫妇被逮捕后立刻被军方处决？……作为记者，奥莉娅娜·法拉奇对各国政要的采访采取的是刨根问底的方式。这是记者的职责所在。

在危机公关中，如果搞不清记者的定位，搞不清记者的职责和使命，一味地想让媒体和记者为自己机构的舆情灭火，很可能会适得其反，因为媒体和记者有明确的职业边界。无论是避免舆情还是事发后化解舆情，都需要对媒体和记者的使命、角色定位、职业定位有清晰的认知。即使被报道的机构当事人与媒体和记者的关系较好，因为涉及职业操守和职业道德，有些边界记者依然不能突破。

在《别对我撒谎：23 篇震撼世界的新闻调查报道》一书中，详细披露了美军在越南战争中骇人听闻的屠杀事件。1968 年 3 月 16 日早晨约 8 点，美国陆军步兵师一营 C 连、第 20 步兵团和第 11 旅进入越南美莱村，实施一项"搜索和摧毁"行动，多达 500 名女人、儿童与老人被有组织有计划地杀害。

最后曝出这篇报道的人不是 600 位驻越南特派记者中的任何一位，而是美国国内一名对美军残杀手无寸铁的村民深感震惊的年轻人——自由撰稿人西摩·赫什。

其间，曾经有一位美军的退伍士兵罗思·莱登奥尔（Ron Ridenhour）听说了这场屠杀事件。他试图引起美国国内和派驻越南的媒体，尤其是《新闻周刊》（News Week）对此事的关注，却没有成功。

1969 年 11 月，美国资深调查报道记者西摩·赫什看到一家小型通讯社的电稿，报道说美国陆军中尉威廉·凯利（William Calley）因涉嫌杀害 109 名"东方人"而遭到军方起诉。但这条电稿并没有引起人们的注意。赫什到佐治亚州的本宁堡（Fort Benning）陆军基地找到凯利，对他进行了采访。从此，他踏上了一条据自己估计超过 5 万英里的旅程，走遍美国各地，寻访了当年 C 连的 50 多名军人。1970 年，赫什以写作重新还原了美莱屠杀暴行，并发给默默无闻的"快讯新闻社"（Dispatch News Service）刊登。当《新闻周刊》终于承认他这条独家新闻的价值时，周刊的通栏大标题却变成了"一场美国悲剧"。这为美莱屠杀案报道定下了一个基调：这只是一个反常畸变的个案，值得同情的是美军士兵，而不是越南百姓，哪怕其他类似的暴行已经逐一被曝光。

除了美莱大屠杀之外，西摩·赫什独家报道的还包括美国对柬埔寨的"秘密"轰炸；美国政府非法利用中央情报局监控美国居民；水门事件丑闻里的关键大事，尤其是白宫的秘密电话监听录音；在推翻智利总统阿连德的血腥事变中，中央情报局和亨利·基辛格所扮演的关键角色……2001 年"9·11"恐怖袭击，赫什撰写了多篇报道。2004 年，他揭露了驻伊美军虐待伊拉克俘虏的内幕。这一报道确定无疑地改变了美军占领行动的进程。

虽然互联网给资讯传播带来了翻天覆地的革命性变化，也是舆情事件发酵的重要信源地，但传统媒体依然是引发舆情并影响舆情走向的重要力量，而且更有公信力，因而占据着舆论引导的主流地位。我们在讨论如何处置舆情事件、进行危机公关时，离不开对媒体的关注。只有认清媒体与记者职责的边界，才能更好地与媒体和记者沟通，从而更有利于舆情事件的处置。自然也无法回避媒体的尊严与记者的使命。这首先就与媒体和记者的定位有关。

记者是在新闻机构，如报社、通讯社、广播电台、电视台等媒体中担任采访、报道、摄影、摄像的工作人员。

舆论监督是中外新闻机构的一项不可或缺的工作，几乎所有媒体都开辟了舆论监督的批评报道或者评论板块，如中央电视台的《焦点访谈》《每周质量报告》《"3·15"晚会》，中央人民广播电台的《新闻纵横》。而长篇深度的批评报道则是《南方周末》的一块"王牌"。

不能认清媒体在舆情事件和危机公关中的地位和作用，任何舆情事件的平息和危机公关操作，都不容易成功。即使成功平息了舆情，也难以取得最优的效果。

无论是正面报道还是负面报道，都会或多或少触及相关利益方。在人情社会，媒体以及其中的任何一位编辑、记者，都很难完全独立于社会去做新闻报道。中国社会的人情特征尤其突出。绝大多数媒体领导都是从基层的编辑、记者做起的。他们与编辑、记者一样，也都有自己的亲戚圈、朋友圈、同学圈、校友圈、老乡圈等。面对负面报道，很多被曝光机构常常会通过各种关系来与媒体进行沟通，比如，通过亲戚、朋友、同事、同学、校友、老乡等关系来说情。

作为媒体和记者，最基本的价值取向和职业操守是一定要保持的。新闻媒体必定会涉及负面报道。被曝光机构如何面对舆情，如何平息媒体的负面报道所带来的波及效应？这绝不是简单的人情关系所能化解的。

在现实生活中，总会遇到有的领导拿着记者的汗水做人情，或记者本人拿新闻报道做利益交换的事情。这就涉及一个深刻的话题：记者的使命和媒体的尊严，与个人的利益相比，哪个更重要？

记者的使命和媒体的尊严是媒体的脸面，比个人的关系和利益更为重要。所谓"先做人后做事"。如果媒体负责人为了自己的人情关系而撤掉负面报道，则记者的心血付出被置于何处？这是其一。

其二，如果媒体连负面报道都不能公之于众，那媒体的尊严又何在？即便维护了眼前的人际关系，却出卖了记者的利益，失去了媒体的尊严。这样做的结果，对媒体团队来说，既会损害领导在记者心目中的权威，也会大大影响记者团队的积极性。对记者来说，如果失去了报道的客观公正，必然会影响媒体的根本利益，得不偿失。

由于媒体的特殊性，坚持对违法犯罪案件和违反社会公平正义、违背道德规范、违背公序良俗的事件曝光，不可避免地会得罪一些利益相关方。如何在新闻报道中把握好尺度，还不得罪各种相关方，实际上是很难做到的。这就需要媒体从业者在工作中秉承客观公正的立场，尽量做到不偏不倚。

案例1：某报记者因曝光某上市公司关联交易内幕遭网上通缉

2010年7月28日，某报记者因为报道某上市公司关联交易内幕，遭到某上市公司所在地浙江某县公安局的网上通缉。通缉人员登记表中的"案件类别"一栏显示，该记者涉嫌的罪名是"损害公司商业信誉罪"。

根据《南方都市报》报道，该报某记者先后3次对某上市公司涉及的关联交易内幕做了报道，除两篇后续报道刊载在该报官方网站外，其余文章均刊载在报纸上。

该报一位高层人士证实，在这两篇报道刊载后，该上市公司操纵人曾找到我们驻华东区的采编负责人，试图危机公关，但遭到拒绝。在报社方面看来，该公司关联交易内幕一案的多篇稿件，是经过报社严格的"三审"流程后刊出的，报道本身不存在问题。该记者得知自己被通缉后曾致电报社高层领导求援。笔者也曾就此事询问过时任该报的主要负责人，他们告诉笔者，记者曝光该上市公司财务造假后，对方迅速公关，提出给本报投放广告。某媒体主要负责人从中周旋，但均被本报拒绝。该报负责人告诉笔者，报社看重的是记者报道的价值，这比交易更重要。

该记者后来离开了这家媒体。但媒体勇于维护记者正当采访权益的处理方式值得点赞。

时任《中国青年报》总编辑陈小川在《底线：新闻背后的真相》一书的序言中说道："当媒体利益和社会利益发生冲突的时候，我们怎么办？我认为，社会利益是前提。媒体如果被利益驱使了，那就危险了。公信力是我们最珍贵的财富，媒体道德是中国青年报人的生存基础。"这本书里的43篇文章全都是已经在《中国青年报》上发表的负面报道。如果说每一篇负面报道都会有人说情，可能言过其实；但如果说都没人说情，肯定也不可能。调查性报道，很多都是在很危险的情况下完成的。面对说情，报社如果不能顶住压力，其中的一些报道很可能读者就看不到了。如果那样，不仅会让媒体丧失了使命、损失了尊严，也会让记者寒心。

这与前述某报负责人不为利益所动，坚持发稿的理念是一样的。任何一个有良知、有理想的新闻工作者在利益与社会良知面前，首先考虑的是媒体的社会责任。

社会学中有一个著名的"五人定律"：当一个人的社交关系小于五人时，社交关系圈会缺乏拓展的人脉；而等于或大于五人以后，社交关系圈会急速扩张，但个体间黏度会变低，用户间生产内容的积极性（即参与性）下降。

笔者就曾经多次体验过"五人定律"。在一次聚会上，两个互不相识的人聊了没多久，就聊出了共同认识的数千公里外的几个人，而且二人都曾与他们有过交集。在这种社交状态下，一家负面新闻即将被曝光的机构，很容易就能迅速找到与相关新闻机构认识的人。如果相关媒体不能秉持新闻理想，放弃新闻机构的操守和使命，很容易就会在各种熟人、朋友的说情之下撤掉曝光稿件，使被曝光机构"躲过一劫"，但媒体却丧失了自己的尊严，得不偿失。在这种利益权衡下，几乎任何媒体都不会为人情世故所左右。

认识到这一点，各机构才能把握好防范舆情的原则，并在化解舆情和危机公关的过程中求得自己利益最大化。否则，不仅可能会吃闭门羹，而且还会丧失很多使自己所在机构损失最小化的机会。

案例 2：表扬稿变成舆情——南航"为政府政务团安排前 11 排座位"事件

2017 年 8 月 9 日，民航资源网发表一篇署名为"南航西安分公司党群工作部"，标题为《"只要前 11 排座位的旅客"——为政府执行要务护航》的网文，结果引发热议。

文章全文如下：

民航资源网 2017 年 8 月 9 日消息：7 月 26 日，南航西安分公司营运部客户接待处电话接到一项不寻常的服务请求，"您好，我希望我们一行 66 人能够全部安排在 8 月 6 日西安—成都的 CZ6433 航班上，并且全部安排在前 11 排的座位"。接到电话的客户专员立刻联系收益一组值班组长胡升华。胡组长一边警觉地询问客户出行目的，一边调舱。

一开始客户不愿过多透露，经再三保证不会透露客户行踪后，客户回复为政府执行特殊要务，需保证同普通旅客进行一定隔离。CZ6433 航班为西安经停航班，胡组长立即联系前续航班航线员，保证长航段销售的旅客集中安排在 12 排以后。

负责本条航线的收益二组组长杨唯娜在第一时间获知该消息后，主动跑到单位加班，联系运行指挥部，平衡配载，为 66 名政府政务团人员争取到前 11 排的 66 个座位。在录入名单时，杨组长还发现政务团里有陕西省委常委、西安市委书记，西安市市长、西安市政协主席后，又及时联系客户推荐公务舱，以优质的服务保障承诺赢得了客户的心。

8月6日，西安分公司领导总经理陈茂俊放弃休息日，专程赶赴机场，为整团保障作出部署工作。10：45分，CZ6433航班在保障服务人员的目送下准时起飞。

这场特殊的团队保障工作跨越两个周末，牵动无数西安分公司保障工作人员的心，收获的不仅仅是额外的盈收，更有客户的赞赏和信任。

引发舆情

让南航方面意想不到的是，这篇报道经过传播、进入更多人的视野后，非但未获得赞扬声，反而出现了一片嘘声，引发了网络舆情。舆论普遍认为，西安政府方面是在搞特殊化，而南航方面对公权力"有求必应"，则是对其他乘客的不公平。

南航危机公关

南航紧急撤回新闻稿，《人民日报》客户端发表的批评文章也被撤。

8月12日中午，南航通过其官方微博"中国南方航空"发布《关于西安市党政代表团乘机的情况说明》。

西安也开始了紧急公关

据西安市官方微信公号发布的消息，西安市委常委于8月12日在总结学习考察活动的扩大会上提到，要把这次网络舆情"看作是为我们敲响了一次作风建设的警钟，敲得及时、敲得必要"。

市领导表示："要感谢媒体对西安干部作风建设的关心、监督和帮助。要举一反三，自我反思，多从自身找差距。要本着有则改之无则加勉的态度，更加习惯在监督下开展工作。要始终牢记作风建设永远在路上，按照铁军要求进一步加强干部队伍作风建设。"

点 评

高级"红"低级"黑"

这篇新闻稿原本是要表扬南航如何"为政府执行要务护航",体现南航员工们放弃休息日,加班加点,急客户之所急。但没想到适得其反,引发了公众对南航为官员提供特殊化待遇的批评。

新闻稿用了一个又一个吸引眼球的词句——"警觉地询问""经再三保证""需保证同普通旅客进行一定隔离""在第一时间获知后,主动跑到单位加班""放弃休息日,专程赶赴机场""牵动无数西安分公司保障工作人员的心"。

这些词句如果用在对待普通乘机人上,自然会获得公众赞誉。但这些词句恰恰是体现在对待66位政府公务人员上,这自然引起了公众对公务人员特殊化的反感。遮掩的"表扬稿"也让南航的尊贵客户——西安市领导陷入了尴尬局面。

多年来,我国新闻机构一直在坚守着媒体的社会责任,每年都有大量对各级政府、领导的批评报道。比如,前述举报县委书记被判刑、官员为了完成农田水利建设或者农村自来水改造任务造假、官员雷人的言论等。这样的报道对于弘扬社会正气、维护人民的利益起到了积极作用。这样的媒体也为广大人民称道,也给记者赢得了一个又一个赞誉。

美国一名记者就因为冒着各种危险调查政治黑幕而获得普遍赞誉。他就是美国记者林肯·斯蒂芬斯,他也被称为"揭开地狱盖子的美国新闻人"。美国史学家称赞他为"最了不起的黑幕揭发者"。美国作家马克斯·勒纳评价他说:

"如果我们在评判一位历史人物的价值时，是以他是否有利于创造一个更丰富、更健全的美国文明为标准的话，那么，像林肯·斯蒂芬斯这样的人就应是每一所学堂和学府赞扬的英雄。"

（二）如何成为称职的编辑、记者

本部分是纯粹的媒体内部的业务，并不涉及舆情事件处理，也不涉及危机公关。之所以在此处展开论述，主要目的是为读者提供一种借鉴，对相关舆情应对的机构及自媒体也都具有一定的借鉴意义。特别是对那些容易引发舆情的机构来说，只有了解媒体的运作情况和运作规律，才能明白在遇到舆情事件和危机事件时，应该如何与媒体打交道；明白哪些操作方式更有效，而哪些操作方式无论怎么下功夫，可能也无济于事。清楚了媒体的运作方式和运作规律，也就清楚了媒体对负面报道的把控原则和处置相关报道的边界及底线在哪里。这样，也就避免了"病急乱投医"。对如何才能成为一名称职的编辑记者及其业务能力要求，这里就不再展开论述了。读者可以查看相关的专业著述和各个媒体发表的作品。这里仅从宏观角度作简要论述。

1. 与所在媒体的政治倾向保持一致

这是能否在所在新闻机构立足，现实地说，是能否在所在新闻机构拿工资的最基本条件。任何一家媒体，无论是中国还是西方国家，都有其基本的政治立场。作为该机构的工作人员，拿着机构发放的薪水，却做着不符合机构政治倾向、价值取向的事，甚至与所在机构的政治立场唱反调。这是国内外任何机构都不允许的，也违背了基本的职业道德。

作为一名编辑记者，有表达自己政治倾向的权利，但没有权利借助所在媒体的资源，表达不符合媒体利益的言论。所谓"拿谁饭碗，替谁说话"。

2. 大处着眼，小处着手，有全局意识和大局视野

所谓"低头拉车，抬头看路"。

作为一名编辑记者，首先要有全局意识和大局视野。只有视野广阔，才能对新闻稿件有一个全局的认识，并在此基础上进行基本的价值判断，也才能避免在分析和看待新闻事件时出现偏颇、狭隘的情况，所谓"只见树木，不见森林"。而价值判断，包括编辑对记者提交的新闻所涉及的当时国家层面的政治立场和政治倾向的判断，对报道所涉及行业领域的宏观层面的常识、知识和基本立场的判断。这是对稿件的新闻价值作出判断的基础。

具体到一篇稿件，首先要对稿件内容的真实性进行判断。编辑不是事件亲历者，也不是报道的现场采访人，对于记者所报道的事件是否真实，无法进行直接把控。但编辑可以根据稿件内容是否合情、合理，是否符合常识来进行判断。

3. 质量第一，兼顾关系

任何一位编辑都不是真空中的人，都要与形形色色的人打交道。无论在中国还是其他国家，任何媒体都会涉及一些人情世故，不存在似铁板一样的媒体。

对记者稿件的审查也要把握这个原则。坚持把控稿件质量，体现了编辑的水平，也影响着所在媒体的声誉、收视率、阅读量或点击率。换句话说，是否选择优秀的稿件编发，影响到媒体的影响力。

编辑审核记者稿件时，也要适当讲究一点人情世故。对于质量较低的稿件，必须坚决拒绝。但对一些能够改进甚至可能成为优秀稿件的原始稿件，可以本着与人为善的态度，提出一些修改和补充采访意见。但要避免把记者与自己、与领导的亲疏关系放在稿件评价的第一位，看人下菜碟。一个为人势利的编辑，出事只是时间问题，不出事是运气。这个原则，对编辑审看稿件如此，对记者采写稿件同样如此。换句话说，对任何人情世故的考量都不能超越媒体的利益和新闻纪律。

记者"吃饭"的本事就是写出高质量的稿子。这不仅会影响记者在本媒体中的地位，也会影响其社会地位。从这个角度讲，人情应该服从于稿子质量。即使笔下留情，也不能违背基本的新闻真实性原则，更不能把人情关系放在首位。高明的记者，会从关系人介绍的新闻线索中捕捉新闻价值。比如，几十年前，北京大兴的西瓜刚刚有名气时，当地举办了"大兴西瓜节"。一家媒体的记者接到领导交办的任务后，愣是把一个原本的"关系片"做成了中国新闻奖一等奖作品。

无论你是多么优秀的编辑记者，始终都要坚持新闻原则、坚守道德底线。否则，即使你照顾了人情关系，也会招来批评，为关系所累。

（三）不要单纯为了追求点击率、吸引粉丝而违背公序良俗和基本道德规范

由于越来越多的 App 会对影响力大的自媒体进行利益倾斜操作，广告主也会主动寻找这些自媒体，导致一些自媒体盲目以吸引粉丝、获得点赞、追求点击率为目标，甚至不择手段。内容尺度过大、衣着暴露的直播，故弄玄虚、装腔作势的剧情，弄虚作假、哗众取宠的假新闻等，始终伴随着自媒体的发展。

我们在一些视频 App 上经常能听到这样的开场白："百分之九十的人不知道……""百分之九十九的人不知道……"，或者"我如何如何一条视频就收获了上百万粉丝""你没发现什么什么操作，一个月就收入上万元"等。这类视频中的人通常还会在说到一半时，提醒观众点亮"小红心"。

上述这些说法还只是为了吸引公众的眼球，但有些大尺度暴露、血腥等的视频，就严重违背了基本的社会价值认知。还有的"大 V"通过拍摄住几万元一晚的豪华饭店房间、吃豪华套餐、买超级贵的水果蔬菜等奢靡、炫富的体验

式视频来吸引眼球。这样的自媒体内容理所应当受到了监管部门的批评和管控。此外，监管部门对相关的网络公司也加强了管控。

（四）不要为了吸引眼球、提高收视率而恣意策划，甚至造假

俗话说，"要想人不知，除非己莫为"。

一些专业媒体和专业记者尚且会因为做假新闻而陷入舆论旋涡，作为没有经过专门培训、训练，缺少媒体从业经验的自媒体人，造假更难做到天衣无缝。自媒体无论是为了扩大影响力、吸引粉丝还是做"策划"，都要始终把精力用在构思设计上，在挖掘内容和创新表现方式上多下功夫。依靠造假绝不能长久，尤其在互联网时代，很容易被发现。

作为自媒体，本身就置身于互联网的海洋中，有无数双眼睛在看着，更不能胡编乱造。一旦被发现造假，轻则一段时间被禁止发声，重则被封号。

案例 1：200 余名村民写"联名信"，驱逐村里一名患有艾滋病的 8 岁男童事件

2014 年，一段网络视频受到不少人关注。

2014 年 12 月 21 日，四川省西充县某村 200 余名村民写"联名信"，要求驱逐村里一名患有艾滋病的 8 岁男童坤坤。这个消息随后登上各大新闻网站的热搜榜首，网友纷纷谴责村民冷血、缺乏常识。该事件甚至引发联合国驻华某组织的关注，该组织发表声明说："所有形式和情境下的羞辱和歧视都是不可以接受的。"

后经媒体调查证实，这是一起"策划新闻"。男孩坤坤的爷爷说，2014 年 12 月 7 日，有两名自称是"成都记者"的人找到他。当

男孩的爷爷向他们提及希望孙子能获得收养的意愿时，"他们说能帮我想办法让孙子得到外界关注，达成心愿"。于是，这两名"成都记者"建议村里召开村民代表会议，并写联名信，一致要求让坤坤离开村庄。

 点 评

为了吸粉而造假——策划出来的"新闻"

新闻造假是一种为真正的新闻人所不齿的行为，因为它背弃了新闻的真实性原则。近年来，有些情感类电视节目被爆出故意导演悲情故事，其中的嘉宾、当事人实际上是雇来的演员。一位朋友曾跟笔者说起本单位一名员工参加某卫视的电视征婚节目的经历。这位同事本来看上了一位女士，但被导演组拒绝了，要求他选择指定的一位女士牵手。后来，这位男士还是想方设法联系到了自己心仪的女士。

这起村民驱逐8岁艾滋病男童事件被一些学者定性为有违媒体道德的"策划新闻"，属于"传媒假事件"。它不同于我们所说的"虚假新闻"，虚假新闻是带有虚假成分的新闻报道。

为了吸引眼球而故意制造新闻事件，在任何媒体都是最无良的行径，无论是出于多么高尚的目的、有多么堂皇的理由，它都违背了新闻的道德底线。要想人不知，除非己莫为。这些造假事件有的能瞒天过海，但大多数是"见光死"。

案例2：吃草少年杨六斤

2014年5月23日，广西卫视《第一书记》节目播出了广西百色市隆林各族自治县德峨镇新街村励志孩子杨六斤的故事。

节目称，杨六斤6岁时父亲病逝，母亲带着弟弟改嫁了。杨六斤便与爷爷奶奶一起生活。随后不久，爷爷和奶奶相继离世，7岁的杨六斤就成了孤儿。从此，杨六斤只能独自住在亲戚提供的空房子里一个人生活，身边没有一个至亲照顾，只靠当地村委会及周围的旁系亲属和邻居照顾。

杨六斤独自居住在空屋里，每个星期从堂哥那里领10元生活费兼零花钱，每天在帮邻居放牛时自行拔野菜来吃，多年来吃过数十种野菜。此外，他还自制捕鱼器到溪边捕小鱼，作为自己的肉菜；用洗衣粉在溪里洗头。虽然生活苦难，但他没有太多埋怨，只有在晚上想起母亲时才会独自流泪。被问及想透过镜头向妈妈说什么时，他摇摇头说："不想说，因为我怕妈妈不要我了。"

据媒体报道，节目播出后，深圳一家国际学校出钱资助他读书。截至2014年6月，杨六斤的个人实名账户上已经有来自全国各地的爱心捐款500多万元。

但随着"广西独居少年吃野草"新闻的持续发酵，杨六斤更真实的生存状况被挖掘出来——孩子并非独居4年，吃野菜是当地习惯……虽然并非报道中所说的那般艰苦，但真实的杨六斤的确生活在贫困线上。针对民众对当地电视台有关报道有夸大嫌疑的指责，相关节目编导回应称，"可能出现了沟通上的问题，导致了部分错误"。

（五）不要为了吸引眼球而在标题上哗众取宠，成为"标题党"

报纸、杂志、广播、电视等传统媒体大多都中规中矩，但一些新媒体、自媒体和商业门户网站为了吸引眼球、提高点击率，常常用断章取义、上纲上线、耸人听闻、唬人的标题来吸引受众。

比如，一些商业门户网站在转载传统媒体的报道时，一般都会重新起标题。2014 年 9 月 10 日，《人民日报》发表评论《裸官治理，应有跟进动作》。文章肯定了广州的裸官治理措施，要求各地跟进。为了客观公正，评论里加了这样一句话："裸官当然不一定是贪官，甚至完全有可能还是个优秀干部。"但有些门户网站断章取义，将标题改为《人民日报：裸官不一定是贪官，有可能是优秀干部》。这种不负责任的"标题党"战术，有抹黑主流媒体之嫌。

（六）隐性采访，务必自我设限

隐性采访也称暗访或秘密采访。凡是向采访对象有意隐瞒或无意间未告知记者身份、采访目的，隐藏采访设备而进行的采访，都属于隐性采访。它是与显性采访相对而言的。这种采访的优点是不会因为记者的采访而改变采访对象的活动轨迹。

2014 年，几个颇有影响力的报道都采用了隐性采访的手法——

2 月，中央电视台以暗访方式大幅度报道广东东莞的色情服务行业，引发当地政府的迅疾整治行动。但舆论在谴责色情行业泛滥的同时，也对记者假扮嫖客暗访提出质疑。好在记者并没有参与嫖娼，只是将其作为暗访的身份掩护。

7月，上海东方卫视播放深度调查报道《过期重回锅　次品再加工　上海福喜食品向知名快餐企业供应劣质原料》。在调查过程中，三位电视记者进入福喜公司，在生产线进行了两个多月的卧底调查，揭露了这家公司以次充好、编制"阴阳账本"等违法行为。

10月，《辽宁日报》记者深入北京、上海等5座城市的20多所高校，听近百堂专业课，推出《致高校哲学社会科学老师的一封公开信：老师，请不要这样讲中国》一文。此文刊出后，褒贬不一，许多高校教师和媒体人对记者暗访听课反应强烈。

 点　评

行走在守法和违法边缘的采访手段

隐性采访作为一种非常规采访手段，往往游走于专业规范的边缘，因此国内外很多媒体都对其进行了严格的限制。比如，英国某媒体对采取隐性采访前需要考虑的问题列出了长长的问题清单。它提醒媒体人，暗访前一定要慎之又慎。

采取隐性采访方式前需要考虑以下问题

是否为犯罪或反社会行为？

是否攸关重大公共利益？

秘密录影是否为唯一的方式？可公开拍摄吗？

是否掌握了第一手证据，证据是否触及特定人或惯例？

秘密录影的场所何在？

所拍摄的情节是否会严重侵犯他人隐私？拍摄行为是否危及任何人的安全？

此人的行为是否足以为该组织负责，以致公开其身份？若是，镜头内有无其他无关者？

拍摄与播出须作不同层次的考虑：所拍摄内容是否涉及犯罪或反社会行为、攸关重大公共利益？是否情节严重到足以播出？

是否给予对方公平说明机会？

英国某媒体关于秘密采访的规定

在公平合理对待报道对象，尊重其隐私权这一条原则上面，除非以获取严重犯罪行为的证据为目的，该媒体决不接受未经允许的在私人财产上安装录音或录像设备。

电话录音也必须获得对方的事前同意，在对方不知情的情况下以望远镜头拍摄画面也是不允许的，即使在公开的状态下录音录像，也必须将其目的告知被录音录像的对象。

秘密录音录像只有在以下的情况下才能进行：

在调查危害社会或犯罪行为时，但事前必须有合理的证据，而且是公开的录音录像不能达成目的时；

在基本自由及民主受到限制的国家内，收集以公开方式无法收集的资料时；

无其他方法能获得效果的社会研究，此种情况必须征求任何在录音录像内能清楚识别其身份的人的允许，否则必须将其身份特征自录音录像中消除。

在上述三例隐性采访中，福喜事件报道团队就充分考量了暗访方式的利弊。通过偷拍，拿到了过期重回锅、次品再加工、邮件提前通知应对检查等严重违反食品安全规定的事实。这则报道的负责人表示，隐性采访能否实施的判断标准有三个：一是看是否涉及公众利益；二是暗访是否为唯一的手段；三是在采访过程中只能客观呈现，不要刻意推动违规事实的发生。他说："我们之前也有很多次推翻自己，也在前期尝试做一些外围采访，但因为工厂的生产线是在相对封闭的厂区内，如果不进入生产线，拿不到关键证据。最后，这三点考虑权衡下来，才有了现在的报道方式和效果。暗访，其实是新闻调查中最后的手段。"

从事后的情况看，福喜事件报道团队的审慎考量也受到公众，特别是媒体同行及学界的认同。报道证据属实、清晰。这样的暗访，一般是专业的媒体记者的职业行为，很少有自媒体或者个人拍摄，因为很容易越过法律的边界。

在隐性采访中，记者不能以违法手段或方式揭露违法犯罪行为，也不能诱导暗访对象从事违法甚至犯罪活动。这与政府执法人员不能钓鱼执法是同样的道理：不能以违法的手段处置违法犯罪行为。记者不能这样，没有采访权的自媒体更不能这样。

上述"问题清单"，实际上是提醒媒体人，暗访前一定要自我设限，慎之又慎。

媒体做隐性采访要严格坚持用事实说话。这不仅是新闻报道的基本原则，也是曝光负面新闻、负面事件的撒手锏。通过拍摄的事实本身来表达观点、立场和主张，比媒体记者或者自媒体、个人拍摄者先入为主地自说自话更有力量。一个没有异议的违法违纪或者犯罪事实，比任何对被曝光对象语言上的批判都更能令公众信服。高明的新闻报道、意见和观点表达，能够寓理于事，将观点隐蔽在对事实的报道或者披露中，让人们在接受事实的同时，也无形中接受媒体的意见。因为是潜移默化地影响受众，所以更具力量。它符合受众阅读新闻主要是为了了解事实信息的基本诉求。

（七）对明星名人拍摄要慎重，不要进行恶俗炒作

普通老百姓要想拍摄明星名人的个人生活，一般都做不到。只有那些有相关人脉的业内人士才有机会拍摄。但就是有那么一些人，不仅拍摄到了，甚至将其作为获取收益的手段。其中比较典型的是"大衣哥"朱之文。一群人聚集在朱之文家附近，通过拍摄朱之文的日常生活、与朱之文合影等多种方式来获取点击量，甚至他同村的很多村民以此为生。有人为了拍摄视频，甚至还踹开了他家的门。这样的行为不仅严重影响了朱之文及其家人的生活，也已经涉嫌违法了。

另有一些自媒体是通过揭秘明星的居住地来获取流量。但拍摄者只在其居住小区附近介绍、拍摄，并没有进入小区，更没有暴露明星的住宅和家庭。这实际上是在打"擦边球"。

（八）自媒体评论需注意言论尺度

自媒体评论需遵循的基本原则：

1. 不要为了吸引眼球、增加点击率而无尺度地迎合观众。评论有分寸，反而会提高评论在公众心目中的可信度和说服力。

2. 不做人身攻击。

3. 不做夸张动作和表情。

点 评

媒体人的言论边界

媒体人当然可以有自己的价值取向，但在社会角色认同中，他们是对事实信息传递、解释、评论的专业人士，无论是通过所属媒体平台发言，还是在自媒体平台发言，他们的身份与其所属媒体都有着密不可分的联系。因此，秉持所属媒体的核心价值观，时刻恪守客观、公正的立场，对于记者及其供职媒体的公信力和声望，确实十分关键。传统媒体人有着严格的制度约束和丰富的从业经验，不太容易出现立场问题，但自媒体常常出现言论过激甚至言过其实的评论。所以，在评论中，自媒体尤其需要谨慎。把握好言论的边界，这也是自媒体能力和思想成熟的体现。

事实上，对于职业记者的言论边界，西方媒体自我约束的要求更为严格。比如路透社规定，"记者必须遵循准确、公正、不偏不倚原则，不得发表有损路透社声誉的言论"。美联社在《美联社雇员社交媒体指南》中明确表示，"互联网上没有隐私，必须注意个人言行"。我国有关部门也多次提示，"互联网并非法外之地"。这些话，对传统媒体如此，对自媒体更是如此。

（九）群体极化，不可推波助澜

群体极化（group polarization），亦称"冒险转移"，指在群体决策中往往表现出一种极端化倾向，即或转向冒险一极，或转向保守一极。

群体极化在传统媒体报道中常常会出现，在自媒体报道中表现更加突出。特别是对于短视频创作者来说，如今的传播碎片化、速食化要求视频内容要在最短时间内吸引受众，所以自媒体发布者往往自带节奏，直接把唬人的内容放在最前面，甚至以"标题党"的操作来抓住受众的注意力。有的自媒体还采取大号、小号以及朋友号支援等方式，放大事件最容易炒作的内容。群体极化影响的结果，常常是忽略了事件的主要内容，只放大最吸引公众眼球的那一部分。此外，就是在容易引起共鸣的公共议题上做文章，如仇富、仇官、名人八卦等。其危害在于，使得相关事件的披露有失客观公正。

下面的三个案例就较为典型。

案例 1：上海地铁 9 号线骚扰女性事件

2014 年 6 月 30 日，上海地铁 9 号线发生一起暗中骚扰女性事件，被网友拍摄视频上传，引起网民热议。

这段网络上流传的视频显示，在靠近车门的位置，一名身穿热裤（"热裤"的英文为 Hot Pants，原是美国人对一种紧身超短裤的称谓。"热裤"有火辣性感的意思）的年轻女子倚靠在扶手上。坐在扶手另一侧的，是一名身着粉色衬衫、黑色西裤、戴着眼镜的中年男子。在瞟了女子一眼后，他迅速伸出左手，在女子大腿靠近热裤的位置撩拨了两下，然后迅速闭眼佯装睡觉。女子在被摸后回头查看，没有发现异样，向车门处挪动了一下儿，但并未离开。其间，中年男子抬头用余光扫看周围情况，又低头装作看手机。此后 20 秒内，年轻女子又三度回头查看，但男子始终若无其事地低头看着手机。

视频拍摄者说，第一次看到男子触碰女生，还以为自己眼花了，就留了个心眼打开手机，不想正巧拍到男子第二次伸手。

视频被发到网上后，引起网友的愤慨和指责。该男子的个人信息很快被曝光，其姓名、单位、手机号码甚至社保记录，以及家庭电话、妻子的个人信息也被一一公布。根据网友发布的信息称，该男子姓王，已婚已育，是武汉大学法律硕士、上海某大型国有旅行社的引进人才、上海某旅行社党办副主任。

随后，上海警方拘留了这名男子。

经查，6月29日22时40分许，违法人员王某（男，38岁），酒后乘坐松江方向的9号线列车，车至星中路站至七宝站区间时，先后两次故意摸被害女乘客吕某（21岁）裸露大腿部。轨道公交公安根据其违法事实和情节，认定其构成猥亵他人的违法行为，依照《治安管理处罚法》相关规定对其予以行政拘留。

在强大的舆论压力下，这名男子被单位开除党籍，并解除劳动合同。

有学者认为，这一事件并非正义的胜利，而是"网络群体极化"的胜利。视频一曝光，公众就一边倒地在网上"人肉搜索"，穷追猛打，形成了强大的舆论场。

案例2：安徽省教育厅女干部骂保安是"看门狗"事件

2014年11月18日，人民网安徽频道刊发报道《安徽省教育厅女干部骂保安是"看门狗"六旬保安气绝身亡》。报道称，11月16日下午，在合肥市东至路香樟雅苑小区门口，一名中年女司机试图驾车从大门出口逆向进入小区，遭到值班保安赵宗伟的拒绝。随后，女司机下车后与赵宗伟争吵数分钟并辱骂其是"看门狗"。63岁的赵宗伟倒地不起，后抢救无效身亡。

监控录像显示，16日16时18分，身着深色风衣的女司机朝赵宗伟走过去，开始对他指手画脚，随后两人发生争执。其间，有保安等人劝阻，赵宗伟也曾朝一旁走开，但对方仍不罢休。大约3分钟后，女司机掉头走了，赵宗伟也往岗亭走去。10多秒后，赵宗伟脸色苍白，突然倒地不起，有围观群众上前帮扶。赵宗伟被紧急送往医院抢救，但最终还是不幸身亡。

事件发生后，一时间被广为转载，舆论大哗。一些网络媒体甚至以"女科长骂死保安"为标题来吸引公众眼球，网络舆情开始由一起单纯的民事纠纷转向对公务员、官员和政府部门的大加挞伐。

点 评

网络时代的情绪化表达

在上海地铁9号线"咸猪手"事件报道中，在描述该男子行为时，报道中使用"摸"字的媒体远多于使用"触碰"一词的媒体。这说明网络极化也"传染"了传统媒体。在传播效果上，容易导致客观性欠缺，但主观色彩更强烈，更便于传播。

而在"女干部骂保安"的报道中，女司机本身是个科员。该事件与其职业身份并没有关系，属于普通的纠纷。但在很多媒体的报道中，却突出强调其"女干部"身份，与网络舆情高度一致，引发了受众的"仇官"心理。

可以说，在这两个案例中，很多专业媒体的报道无助于平衡网络舆论的极端性，反而与之相互呼应、推波助澜。在这两起事件的报道中，传统媒体吸收了网络媒体"吸引眼球"的表达方式。但传统媒体最好还是保持客观、冷静、节制，减少甚至不要使用"噱头"

来调动公众的情绪兴奋点。毕竟传统媒体还有着作为社会公器的价值趋向，过分极化也有失公正。

有研究者认为，群体极化现象只是对某种意见传播规律的描述，同网络舆论事件一样，本身无所谓好坏。而线上意见对线下行为的作用，关键是要看专业媒体介入舆论时所起的作用。

案例3：从郭美美炫富到红十字会危机

2011年6月21日，新浪微博上一位名叫"郭美美baby"的网友自称是"住大别墅，开玛莎拉蒂"的20岁女孩，其认证身份为"中国红十字会商业总经理"。根据警方的调查和郭美美本人的供述：她以及她的资金来源都与中国红十字会毫无关系。

虽然中国红十字会声明称没有"红十字商会"机构，也未设有"商业总经理"的职位，更没有"郭美美"其人，但此事仍然引发了巨大的舆情，对中国红十字会未来的运作产生了多方面的负面影响，甚至波及其他慈善机构。

6月23日23时，关于"郭美美"的微博在短短48小时内达到110526条。到6月26日12时，相关微博已经达到345901条。到6月30日19时，相关微博已达723965条。郭美美炫富事件持续升温，郭美美更新的微博内容，转发接近10万次。

郭美美（本名郭美玲）承认自己和红十字会没有关系："1.我和红十字会没有任何关系；2.我不是红十字会会长或郭沫若先生的子孙；3.我当时的新浪认证是演员；4.我所说的红十字商会并不是公司或机构名称……"但中国红十字会还是"躺枪"了。

"郭美美事件"等一系列事件发生后，社会捐款数以及慈善组织捐赠数均出现锐减。民政部统计数据表明，全国2011年7月社会捐款数为 5 亿元，和"郭美美事件"事发的 6 月份相比，降幅超过 50%。全国慈善组织 6 月到 8 月接收的捐赠数额降幅更是达到 86.6%。时任深圳市红十字会副会长赵丽珍告诉记者，"郭美美事件"之后，该会收到的社会捐款几乎为"0"。

2014 年，郭美美又因为在世界杯期间组织赌球，再次处于舆论旋涡中心。在北京市东城区看守所内，面对警方的讯问，郭美美供认了在世界杯足球赛期间参加赌球以及组织赌博的违法犯罪事实，并进一步供认了长期参与赌博活动、为牟取暴利开设赌局的犯罪事实。郭美美嗜赌成性，先后 60 余次往返澳门特区、香港特区及周边国家赌博。

8 月 3 日，多家央媒的官方微博深夜集体"起底郭美美"。新华社发布通稿《从炫富到涉赌，她为何堕入犯罪深渊？——郭美美涉嫌赌博犯罪被刑拘的背后》。几乎在同一时间段，各地方媒体也在当天的报道中给予郭美美事件以突出地位，表示了极大关注。如 8 月 4 日，《扬子晚报》在头版的中间位置刊发两张郭美美的大图，并以《从炫富到涉赌，郭美美谜团揭开》为题，援引新华社的相关内容作了近半版的报道。

 点 评

红十字会"中枪"的深层原因

既然中国红十字会和郭美美本人都辟谣撇清关系了，为什么红十字会还会受到牵连呢？

根本原因还是红十字会的负面新闻已经累积较多，人们对红十字会诟病已久。比如，2011 年 4 月 21 日，东方网就曾列举了上海市卢湾区红十字会一张数额为 9859 元的"天价餐费"事件、5·12 汶川地震捐赠中 1.3 万元的"天价帐篷"事件、暖水袋事件、购置劣质自行车发放给灾区事件，以及落马官员妻子坐任红十字会高管涉及腐败丑闻、红十字总会以高于中标价格数百万元的价格采购模拟人等设备事件，还有被公众诟病已久的善款资金流向、使用不透明问题等。"郭美美事件"只不过是这一系列丑闻的导火索，是一系列负面情绪累积的总爆发，正所谓"冰冻三尺，非一日之寒"。

郭美美事件因为有"炫富""红十字会"等敏感词，所以社会关注度比较高。但冷静理性地考量，众多媒体却一拥而上地对此事进行报道，事实上造成了对云南地震、昆山爆炸案等灾难事故新闻影响力的消解，对严肃新闻信息产生了遮蔽，是以不合时宜的议程设置冲淡了更为重要的社会话题。

早在 2011 年就有网友发现，"'达芬奇'救了红会，赖昌星救了'达芬奇'，铁道部救了赖昌星……"。意思是说，媒体曝光达芬奇家具"欧洲游"事件转移了公众对郭美美炫富引发红十字会丑闻的关注；赖昌星外逃加拿大期间成拘留所"常客"的报道转移了公众对达芬奇家具"欧洲游"事件的关注。2011 年 7 月 23 日，赖昌星回国投案受审没有成为新闻热点，因为当天发生了甬温线动车事故……不断地有更吸引眼球的信息"对冲"掉原本会成为新闻热点的信息，致使媒体一次次偏离原本较为重要的新闻事件和新闻议题，事件与事件交替，转移了受众的注意力，以至于涉及国计民生、性命攸关的重大新闻被一些花边新闻、八卦新闻抢了风头。

这种新闻事件迭代、热点交替的现象，固然部分地体现了新闻报道的运作规律，迎合了受众"喜新厌旧"的心态，但其负面影响不容小觑。这种现象在自媒体中尤为突出。这是自媒体迎合观众的需要，也因此更容易使自媒体滑向庸俗。

在当前传媒业的艰难期、转型期、危机期，在媒体融合、传媒转型日益紧迫的形势下，媒体人更应该注重传媒伦理，遵循职业伦理，彰显专业规范。只有这样，才能获得更多的受众认可，凸显更大的职业价值。对传统媒体如此，对新媒体亦然。由于网络新媒体更具开放性和创造活力，采编流程、操作手段更加透明，受众监督批评的分量因此更加凸显。新媒体如能汲取和借鉴在新媒体冲击下转型的传统媒体的经验教训，能少走很多弯路，也才能更好地发挥新媒体独特的表达和传播优势。这不仅有利于新媒体影响力的快速提升，也有助于相关机构借助新媒体的力量变被动为主动，更好地化解舆情危机。

案 例 来 源

① 里娅娜·法拉奇.风云人物采访录［M］.内蒙古：内蒙古人民出版社，1998.

② 南方都市报.报道上市公司关联交易内幕　记者遭全国通缉.（2010-07-28）http://economy.southcn.com/e/2010-07/28/content_14229837.htm.

③ 郑琳，杨亮庆，等.底线：新闻背后的真相［M］.北京：当代中国出版社，2011.

④ 新京报.南航否认为党政代表安排前11排　称对方未提座位要求.（2017-08-13）http://finance.sina.com.cn/chanjing/gsnews/2017-08-13/doc-ifyixcaw4471727.shtml.

⑤ 林肯·斯蒂芬斯.新闻与揭丑［M］.展江，万胜等译.海南：海南出版社，2000.

⑥ 塞缪尔·埃利奥特·莫里森，亨利·斯蒂尔·康马杰，威廉·爱德华·洛伊希滕堡等.美利坚共和国的成长（下卷）［M］.南

开大学历史学美国史研究室译.天津人民出版社，1991：360.

⑦人民网.四川西充200余村民写联名信　欲将8岁患"艾"男童驱离.（2014-12-17）http://scnews.newssc.org/system/20141217/000520124.html.

⑧杨六斤真实生活曝光　广西卫视承认报道有误.（2014-06-28）http://www.wzljl.cn/content/2014/06/28/content_144083.htm.

⑨东方网.九号线"咸猪手"男子被依法行政拘留.（2014-07-08）http://sh.eastday.com/m/20140708/u1a8203810.html.

⑩人民网安徽频道.安徽省教育厅女干部骂保安是"看门狗"六旬保安气绝身亡.（2014-11-19）http://politics.people.com.cn/n/2014/1119/c1001-26051033.html.

⑪中国广播网.从炫富到涉赌　郭美美涉嫌赌博被刑拘的背后.（2014-08-04）http://china.cnr.cn/yaowen/201408/t20140804_516111361.shtml.

附　录

附录一：CNN 资深记者总结的 30 条采访艺术

本附录作者 Kevin Voigt，是 CNN 资深记者、香港大学新闻学院教授。（翻译：邹思聪）

采访的对象只能是人。而人是情绪化的、社会性的，以及理性的动物。所以，面对形形色色的采访对象，作为一个记者，你需要做到以下内容。

1. 千万别死于尴尬。

2. 无论你是 CEO 还是实习生，最常见的胆怯是，你害怕别人发现你的胆怯。

3. 如果你担心你会像个傻瓜一样出丑，请停止这种担心吧！——因为你绝对会在一些时候非常之傻。所以请不要担心这个问题。

4. 释放你的好奇心——让你的心像五岁的孩子一样。

5. 采访时，你真正的兴趣所在和被采访人的信任，会孕育出更好的故事。当然，你也会因此更加快乐。（推荐阅读 *On Writing Well*）

6. 要点燃你的激情，这会让你一直坚持下去。这是伟大的记者的另一个标志。

7. 去追赶你的怯懦——让我们玩一个相反的游戏：

（1）优先解决那些让你不安的麻烦；

（2）告诉自己这是你应该做的；

（3）告诉自己你应该优先完成你的工作；

（4）拖延症是写作者的毒药。

8．拿起那该死的电话，去敲那该死的门。

9．从来都没有什么愚蠢的问题。

10．不要把自己隐藏在电子邮件后面，因为从来都没有一件事情叫作"我用邮件的方式进行了采访"。

11．邮件的问题有：对方有极大的可能不会回复；对方写不好怎么办；你怎么知道这是你要采访的人写的呢；他们又怎么回答你新产生的问题呢？所以，这是懒惰的，更是无趣的。不要忘了更重要的问题，这是一份令人愉快的职业。去和那些不同种类，又令人吃惊的家伙面对面交谈，你能学到很多。

12．邮件的用途：

（1）告诉对方你是谁，为什么你想和他们聊天，这会花多长时间，你的截稿日期和三个概要性的问题；

（2）发稿前的事实确认；

（3）邀请专家对突发新闻作一个简短的评论（当然还是面对面更好）。

13．把 Who、What、When、Where、How and Why（5W1H）刻在你的脑海里，这是你提问的核心内容，不管是一个交通事故的硬新闻，还是一个长时间的调查特稿。

14．闭合性的问题与开放性的问题。如果是突发新闻，请多问闭合性的问题——什么时候起火？多少人受伤？他们是谁？伤员被运到了哪一家医院？你们什么时候接到的救援电话？你们花了多长时间赶来？为什么会发生火灾？

15．需要澄清、求证、得到可靠答案，请问闭合性的问题。这些问题可能是你跑突发新闻时，唯一能问的问题。

16．留下采访对象的联系方式。回去写作时，检查自己有没有记录完整的"5W"和"1H"。如果没有，打电话回去。

17．写作开始之前，就要想好你的开头和第一个引语。

18．一个好的引语在硬新闻中占据很重要的位置，它经常告知读者，"这是为什么"。

19．保证引语的准确性，尽可能地减少引语错误所受到的指责。

20．如果要吸引采访对象的详述和解释，请问开放式的问题——你喜欢你的美国之旅吗？

21．采访时，尽可能地诚恳、专业，不带自己的评价，这会使你有更好的机会获得你的故事所需要的东西。这当然很难，因为你会遇见与你意见相左的人，以及你不喜欢的人。但请尽可能公正地去理解他们的观点。

22．学会闭嘴和倾听。仔细观察受访对象的语音语调、肢体动作告诉你的事情。

23．请注意，当一个人在讲述某个主题而产生了强烈的情绪时，继续就这个话题问下去。

24．如果受访人一直盯着你的笔记本看，先别忙着记录。倾听在此时更重要，而不是潦草的笔记。

25．如果你的采访对象自相矛盾、犹豫不决、沉默不语、惊慌失措、眼神飘忽，你都需要对正在进行的采访做出相应的反应。

26．如果你的采访对象不愿意回答某个问题，问他们为什么，然后告诉他们为什么你觉得这是一个非常重要的问题。把难度大的、争议性强的问题留在后面。被拒绝后不要害羞，问下一个高难度问题。

27．如果不能理解对方的答案，你需要不厌其烦地重复："你能举一个例子说明一下吗？"要知道，把一个概述变为独特的例子，这些都是最好的故事细节。

28．如果采访对象给你关于日期、数字和其他数字化的信息时，记得询问他们这些信息的出处。

29．如果采访对象认为你应该追逐与你的选题可能没有太大联系的故事时，保持耐心问问他们这些事情，因为伟大的故事可能经常在不经意间被发现。

30．一定要记得把你的采访记录放在一个安全的、常用的地方。一定要确保你的采访录音已经备份保存。

附录二：电视制作的 100 条黄金准则

罗伯特·瑟克尔（Robert Thirkell）曾在 BBC 工作多年，由其担纲的节目多次获得大奖，如纪实类节目《回到基层》（Back To The Floor）、《地毯上的血渍》（Blood On The Carpet）先后赢得了素称"英国奥斯卡"的"英国电影与电视艺术学院奖"（BAFTA）。由其指导的《杰米的食物革命》（Jamie's Food Revolution）在美国 ABC 播放，获得艾美奖；纪录片《人类星球》（The Human Planet）曾赢得 7 项 BAFTA 大奖，此纪录保持至今。

罗伯特·瑟克尔根据其多年的真人秀制作经验，总结出电视真人秀节目制作的技巧，并将其结集出版成书。他在著作 Conflict 中总结了"电视制作的100 条黄金准则"。

1. Never take on something that has been successful.

   永远不要从已经成功的案例处着手。

2. Take on any disaster which has a chance of being saved.

   选择可以被拯救的灾难入手。

3. To create winners, get different genres banging into each other.

   想要成功，需要选择不同的题材，并且与他人互通有无。

4. Follow the crazy idea, if your gut tells you to strongly enough.

   如果你的直觉很准，不如听从你的疯狂想法。

5. Never subjects, always stories.

   重要的不是主题，而是故事本身。

6. Good stories often follow people under pressure through transformation, ideally to redemption.

   好的故事就是，主人公在压力之下改变，并且有所收获。

7. Stories that take you into hidden worlds are useful, too.

   能让你看到世界隐藏的另一面的故事也是很有用的。

8. Pick a mythic story, and stick to it.

   选择一个神奇的故事, 并且坚持下去。

9. Dress these stories in new clothes as much as possible, but continue to tell the same story.

   给这些故事披上尽量多的新衣（新的元素）, 不过, 还是继续讲述同样的故事。

10. Success requires entertainment plus content.

    成功需要娱乐和内容。

11. Your subject and story should seem big, whilst being small enough to film.

    主题和故事看上去很宏大, 同时也要有足够小的角度能将其进行拍摄。

12. Drama needs heroes and heroes need opponents.

    故事需要英雄, 同样, 英雄需要对手。

13. Television reduces people so you need character with the potential to be larger than life.

    电视会削弱人们的表现力, 所以, 你需要性格鲜明的主角人物。

14. Be very suspicious of anyone who is too instantly keen to take part in your film.

    对那些想要马上参与节目的人, 要保持怀疑的态度。

15. The harder the time on the quest, the more the public will love the hero.

    主角的历程越是艰辛, 大家就会越喜欢他。

16. The more you can do to mark out and popularize your main character the better.

    人物形象越突出、越通俗越好。

17. Appeal to contributors vanity.

    抓住参与者的虚荣心。

18. Appeal to contributors to help you or you'll be fired.

    让参与者来帮助你, 告诉他们, 如果他们不帮助你, 你就会失业。

19. To get on you need in reserve order cleverness, charm, hunger, and luck.

成功要素，按照重要顺序依次为运气、野心、魅力和聪明。

20．Manage your bosses boss.

和你老板的老板要搞好关系。

21．Executives are lonely, cultivate them.

领导者都是孤独的，需要我们呵护。

22．Find something no one else is doing, and differentiate it.

寻找一些别人没有做过的事情去做，并且使之与众不同。

23．If you want something pretend you are leaving.

想要达成自己的目的，有时需要佯装放弃。

24．Find interesting theatres for your characters to perform in.

为你的角色寻找到适合他的最佳舞台。

25．You know it'll right when you hear it two ways.

当你听到对于一件事情两种不同的看法时，更能验证它的真实性。

26．Never give contributors the chance to say no.

永远不要给参与者说"不"的机会。

27．Don't ask contributors to marry you too soon.

不要让你的参与者太快开始拍摄。

28．It never matter starting a film a bit later.

稍微晚一点儿开机也挺好的。

29．Work on more than one film at once.

可以同时多做几个节目。

30．Assemble the right team to do it.

组建好的团队。

31．Clear your mind of preconceptions.

不要有先入为主的想法。

32．Do open-minded research.

要视野开阔，进行调研。

33．The truth is in the research.

真理来源于调研。

34. Build up the drama till your hero and villain meet.

   当把故事造势达到顶峰的时候，再让故事中的英雄和反派相遇。

35. Time spent researching is the cheapest.

   在调研上花的时间是最值得的。

36. You can hardly ever start a film too late.

   什么时候开机拍摄都不算晚。

37. The script is a route map— a clear idea where you are going.

   脚本是一个路线图，可以帮助你清晰地找到方向。

38. Often when it is wrong it is right.

   有时候，错的时候就是对的。

39. Choose counterintuitive presenter where possible.

   尽可能选择挑战常理的主持人。

40. Also if possible choose passionate experts.

   如果可以，选择有激情的专家。

41. Employ by recommendation.

   雇佣受推介的员工。

42. Employ virgins.

   努力尝试雇佣新人。

43. Brand yourself.

   学会宣传自己。

44. Narrative is small questions and small answers which all contribute to the big question and big answer.

   叙事，就是讲问题的设置与解决。

45. Think of all 5 dimension of film making simultaneously.

   （1）story telling skills

   （2）visual flair

   （3）people skills

（4）organizational skills

（5）journalistic and persuasive skills

做电视节目要注意五点：

（1）讲故事的能力

（2）视觉效果

（3）与人交际的能力

（4）组织能力

（5）新闻工作的技巧和说服的技能

46．In filming as in medicine, morality is as important as technique.

拍摄与行医一样，道德和技术同样重要。

47．Get a good film editor, trust your editor, and let the rushes tell their own story.

相信你的编辑，可以生动地讲故事。

48．The best editing is done in the garden.

最好的编辑是顺其自然。

49．Show your film to other bright people and use their ideas.

把你的节目给聪明的人观看，并且吸收他们的想法。

50．Get rid of the next 10 minutes.

去掉接下来的 10 分钟。

51．Instead，put a strong actuality scene straight after the subtitle.

相反，在标题之后给出一组强有力的真实镜头。

52．Admit when you are wrong.

当你错了的时候，要承认。

53．Add a twist or surprise.

增加曲折和惊喜元素。

54．Editing should be two steps forward one step back.

编辑是一个曲折前进的过程。

55．It doesn't matter what you don't film only what you do.

不要为没有拍到的东西而难过惋惜，重要的是你拍到的内容。

56. Don't judge while you are filming, try to understand.

    在拍摄的过程中，不要去评价，而要努力去理解。

57. Appear to be well meaning but slightly silly.

    表现出善意的同时也要给人一种傻傻的感觉。

58. Getting contributors to trust you is the most important fuel in getting them going.

    让你的参与者相信你，这是你能够继续前进的重要推动力。

59. If the presenter looks good you look good.

    如果主持人表现不错，节目也会好一些。

60. Tell the presenter the best idea is theirs.

    告诉主持人，最好的想法是他们想出来的。

61. Make contributors look bad to look good.

    让状态不太好的参与者尽快好起来。

62. Film contributors at home, and with their families.

    在被拍摄者的家里进行拍摄，并且需要拍摄他的家人。

63. It is not just presenters and contributors to keep happy, but your team.

    不仅要让你的参与者和主持人保持开心，也要让你的团队保持好的状态。

64. As a researcher seek talented directors and help them, rather than trying to make your own films too soon.

    作为一个调研员，要努力寻求有才华的导演，并且帮助他们，而不是急于拍摄节目。

65. Always have your next film but one or next job but one planned.

    始终为你的下一个节目或者工作做好准备。

66. Appear to over-share but don't.

    看起来，你分享的好像很多，实际上却不是。

67. Socialize with people in television as little as possible.

    尽量不要同电视圈里的人进行社交。

68. Choose a partner who won't let you talk TV all the time.

找一个不会一直和你讨论电视工作的合作伙伴。

69. Take long holidays.

给自己放一个悠长的假期。

70. Never film in offices if you can avoid it.

尽量不要在办公室进行拍摄。

71. On location actuality is best.

纪实外景是最好的。

72. Appear confused whilst being ordered and in control.

可以表现出困惑，但同时需要掌控秩序的能力。

73. When in doubt focus your contributors on 3 things you need from each actuality sequence.

当你困惑的时候，从你的拍摄对象身上发觉三件事情，有助于帮你找到方向。

74. The filming before and after a conversation can be best.

对话开始前和结束后，是最佳拍摄的时机。

75. Interview is for emotion.

采访是为了表现情感。

76. Silence，and the look that goes with it，can be the very best part of interview.

沉默和沉默的表情可能是采访中最好的一部分。

77. Commentary should be in spoken language not written.

评论要尽可能口语化，避免过于书面化。

78. Humour helps in commentary.

评论需要有幽默元素加入。

79. Always reduce the commentary.

评论尽量简短。

80. Write proposals leaving them wanting more.

提案应该能够引发读者兴趣。

81. Whatever is asked for do the opposite.

有时候需要做一些反其道而行的事情。

82. Making the film is only half the battle.

拍摄只是节目制作的一半而已。

83. Chat up the schedulers, marketers, and publicity people and take them to lunch.

需要和调研员、市场人员、宣传人员搞好关系，平时请他们吃个饭。

84. Flatter the press.

和传媒搞好关系。

85. Help the press.

尽可能给传媒的朋友提供方便。

86. In publicity, timing and pictures are everything.

在节目宣传中，时机和画面是很重要的。

87. Make your own press publicity.

自身的宣传也很重要。

88. It is not the total audience size that counts, but it helps.

你的节目受众群大小不是全部，却很重要，他们可以帮到你。

89. You can never compliment presenters enough.

你要多多夸奖主持人。

90. Time can be the greatest organizing principle of a film.

最好的节目组织原则就是时间。

91. Shorter is invariably better.

尽可能短一些。

92. Titles matter enormously, say on the tin what is inside.

节目的名称很重要，像食物标签一样简洁明了最好。

93. The most obvious is often best.

最显而易见的一般都是最好的。

94. Be true to yourself, Be true to your presenter.

真实地面对自己和你的主持人。

95. Check every fact inside out and some extras.

尽可能仔细地检查每一个事实细节。

96. Turn from hungry young Turk to grand old man in one pirouette.

让你的人物在弹指一挥间，发生很大的变化。

97. If you are a film-maker who gets to manage avoid gobbledygook，and the latest fad.

如果你是一个制片人，力求避免生硬晦涩和盲目跟风。

98. Win as many as awards as possible.

尽可能多地拿奖。

99. Don't panic.

不要慌张。

100. Once you've learnt the rules ignore and break them.

一旦你掌握了这些规则，就需要开始忽略和打破它们，并重新开始。

后　记

　　这本书酝酿多年。当初想结合自己的记者生涯，写一本研究探讨新闻传播的书，书名是《人人当记者的时代》。起因就是互联网的发展、技术创新、智能手机的普及，使得人人都能像记者一样，拿着手机、照相机，就能随时随地把身边的所见所闻传播到互联网上。曾经身为无冕之王的记者才能做的工作，如今老百姓们也能体验、实践了。后来之所以想写一本如何处置舆情的书，是因为笔者在写作《人人当记者的时代》的过程中发现，恰恰因为人人都能像记者一样，随时随地在互联网上发布消息，导致舆情事件层出不穷。其中很多舆情事件原本能够提前避免，就是因为涉事的政府部门、企事业单位在工作中缺少严谨性，制度建设不完善、"官本位"思想太重，或者涉事方在与公众利益相关的事件上处置不当，遇到舆情又应对失据，犯了低级错误，导致事态不断恶化，使得原本不至于引发广泛舆情的事件生生变成了家喻户晓的舆情，甚至愈演愈烈。随着视频 App 日渐活跃，这种舆情也频繁发生在影视明星、网络红人身上。

　　频繁发生的舆情事件给政府机关、企事业单位、自媒体网红等各方主体带来了负面影响，既不利于干群关系，也不利于社会的和谐稳定，于是笔者萌生了写一本如何处置舆情的书的想法。结合正反面案例条分缕析，让政府部门、企事业单位以及社会各界吸取经验教训，避免舆情发生。一旦发生舆情，也能知道如何采取有效措施，以及采取哪些措施能制止舆情持续发酵，从而及时止损，避免舆情扩大化。这对于社会和谐稳定具有积极意义。

本书借鉴了媒体公开报道和网络平台披露的众多案例。在此，对书中所引案例的原作者和发布媒体表示感谢！如不慎涉及相关方面的版权，也请及时与我们联系，并请社会各界读者对本书不当之处提出宝贵意见。